JN093732

ウルトラ音楽術

冬木 透
Fuyuki Tohru

青山 通
Aoyama Toru

インターナショナル新書 098

まえがき　〜本書について　冬木透

一昨年の令和二（二〇二〇）年、著述家の青山通さんから、私の音楽と仕事を通した生涯について記した書籍を出版したいとのお話をいただきました。いくつかご相談のうえ承諾させていただいてからおよそ二年が経過、このたびようやくこのようなかたちで刊行の運びとなりました。この間、私は自分が歩んできた道のりについて、初めて丹念に振り返ることとなりました。

私の代表作を問われたときには、やはりその一つとして『ウルトラセブン』を挙げることになると思います。『ウルトラセブン』は、円谷プロダクションの「空想特撮シリーズ」第三弾として企画され、昭和四二（一九六七）年一〇月から昭和四三（一九六八）年九月まで全四九話が放送されました。すでに最終回から五四年が経っていますが、今でも、リアルタイムや再放送で観ていたファンの方たちに愛され、その方たちがお子さんと一緒に観て想いを共にし、さらには孫の世代も見始めていると聞いています。ウルトラシリーズや特撮番組にとどまらず、テレビ番組としても金字塔のような作品として評価され続けていますし、関連する出版物、CD・DVDなどの音源・映像、宇宙人・怪獣の玩具など各種商品、イベント、演奏会、SNS、出演者や制作関係者のファンミーティングなど、今もまったく途切れることなく続いています。私がそのような偉大な作品の重要な要素である「音楽」にかかわれたことは、人生における「宝物」のようなものです。

本書でも、第三章はまるごと『ウルトラセブン』の章としました。「作曲」「録音」「選曲」と分けて制作過程をお話ししたことにより、『ウルトラセブン』の音楽がどのように作品のなかに位置付いていったのかが、少しわかりやすくなったと思います。また各監督との思い出や、各楽曲についても語っていますので、お楽しみいただければ幸いです。才気あふれるプロフェッショナルたちに囲まれて取り組んだ当時の私の仕事は、時代が変わっても、おそらく皆さんの何かしら参考になるものがあると思います。

また、第一章では私と私の音楽の根源となっている満州・上海での幼少時代の原体験、音楽にのめり込んだ広島での高校・大学時代についてまとめました。この章にある程度のページを割いたのには理由があります。それは、私の作る音楽には、この時代に見たもの聴いたものすべての出来事が反映していることは間違いないからです。戦中戦後の時代における、今では思いもよらないような私の体験を共にしていただくことで、私の音楽をより楽しんでいただけるかもしれません。

第二章では、大学を卒業してラジオ東京（現・ＴＢＳホールディングス）で社会人生活をスタートした頃のことを書きました。第四章では、ＴＢＳを退職して以降、桐朋学園の教員として務めながらフリーランスの作曲家として活動を続けた時代から現在に至るまでのことを話しています。第五章は、好きな作曲家、指揮者、印象深い演奏会、作曲などクラシック音楽について考えてみました。また巻末では、俳優の道に進んだ私の長女岡本舞が、幼少期の彼女の目に映った冬木家と『ウルトラセブン』について語っています。

これまで私は、テレビ、新聞、雑誌、ラジオ、ネットなどさまざまなメディアの方から取材を受けてきました。しかし本書のようなボリュームで自分自身についてお話ししたのは、初めてのことです。そのなかには、今まであまり語ってこなかったようなこともいくつかあります。本書は『ウルトラセブン』をはじめウルトラシリーズや特撮番組のファン、私の音楽のファンの方はもちろん、昭和のあの時代のテレビ番組制作がどのようなものだったのか、音楽や作曲を職業にするとはどういうことなのか、ということに関心をお持ちの方にも、興味深くお読みいただけるのではないかと思います。

本書を皆さんが楽しんでくださり、皆さんの人生や仕事にせめて反面教師としてお役に立つことが一つでもあれば、これ以上の喜びはありません。

目次

車の中で打診された『ウルトラセブン』の仕事
テレビで宇宙の拡がりを表現できるのは音楽だけ／作曲、選曲、効果の役割分担
作曲・少しでも材料を集めて活かす／作曲の工程／第二回、第三回録音に向けての作曲
作曲のルーツはクラシック音楽／第一回録音の編成と演奏者集め／録音、指揮、予算
選曲の苦労、そして「ゼロ号試写」／各監督とのエピソード／おもな楽曲
三ヶ所で使用したクラシック音楽／最終回はとてつもない仕事になるとわかる
なぜシューマンのピアノ協奏曲を使用したのか
なぜカラヤン＆リパッティ盤を選んだのか

第四章

TBS退社から現在まで

TBS退社の背景／作曲家と桐朋学園教員との二足の草鞋生活／高校ではクラス担任も
『帰ってきたウルトラマン』／「怪獣使いと少年」
『帰ってきたウルトラマン』の印象深い楽曲／以後のウルトラシリーズ
以後のウルトラシリーズの印象深い楽曲／「交響詩ウルトラセブン」の作曲、録音
「冬木透 CONDUCTS ウルトラセブン」での「交響詩ウルトラセブン」の生演奏

第一章　私の音楽の源泉

～満州・上海と広島時代

「『ウルトラセブン』のテーマソングは、どのように作曲したのですか？」とよく聞かれます。「天から何か啓示のようなものが降りてきたのですか？」と尋ねる人もいます。しかし私が作曲するときは、ある日突然何かが降りてきて一気に曲ができてしまう、という感じではありません。もちろん、インスピレーションで作る要素もありますが、どちらかというと「ロジカルに音を積み上げていく」というほうが近く、『ウルトラセブン』のテーマソングのときも、同様だったと思います。

とはいえ、作曲をするときにそのような技法によるのは、部分的なことです。「では、そのほかの部分はどのようにしているのですか？」と聞かれるのですが、私はそれを明確に語ることはできません。そこについて追及されると困ってしまいます。作曲というものは作曲家によって千差万別だと思いますが、少なくとも私にとって作曲というものは、基本的にそういうものなのです。

それをふまえて、このあとの第一章をお読みいただけますと幸いです。第一章では、私が生まれてから中学生の年齢までを過ごした満州・上海時代のことと、高校・大学生活を送った広島時代のことをお話しします。そこには、私がどのようにして音楽を生み出しているのか、ということのヒントのようなものが含まれているかもしれません。

私の原風景

自分の作る音楽がどこからくるのか、ということを考えることがあります。私は昭和一〇（一九三五）年三月一三日、旧満州国の首都新京特別市（現在の中国、長春市）常盤町で生まれ、上海を経て昭和二四年に日本に帰国するまで、いわゆる「大陸」で過ごしました。広大な原野のなかで見た落日は、緑がかった真っ赤な太陽が、巨大な線香花火の火の玉のように熟しながら縦に二つ重なってホリゾントの向こうに落ちてゆくようで、地平線の壮大さとともに私の原風景としてよく覚えています。しかし原風景とは、その頃私が見たものだけでなく、聴いたもの、私のなかに入ってきたすべてのものなのかもしれません。それは計画的、意図的なものではなく、すべてが偶然の出会いなのです。それらすべてが、その後の私が作るもの、書くものに反映され、充実させる糧になったのだと考えて間違いないでしょう。

病院の屋上で聴いたレコードコンサート

小学校に入る前の昭和一六（一九四一）年頃、私は佳木斯《ジャムス》という南満州鉄道（満鉄）の北端の町に住んでいました。真冬は、零下三〇度、四〇度にもなるようなところです。父は医者で、私が生まれる前から「大陸」で暮らしていました。勤務する国立康生院は、辺鄙《へんぴ》な地域に三ヶ所ほどあり、阿片中毒治療を行っていたとのことです。病院では、中毒患者を捕まえてトラックに乗せては無理やり入院させていました。父はそのやり方に反対して、独自の開放的な治療法に転換し、成功していたようです。やがて父は、転任した先の病院も自身の方針に転換、そこに家族も一緒に引っ越しました。その後も父の仕事の都合で、いくつかの満鉄の主要な駅周辺に住むこととなりました。また、当時満州国の重要な国策の一つとして阿片を取り締まるための「禁煙総局」という組織がありましたが、どうやら父はここの一員でもあったようです。

この佳木斯に住んでいた頃、母が入院したのですが、その病院では土曜日に屋上でレコードコンサートをやっていました。私はそこで流れていた曲がとても気に入り、看護婦さんにねだってねだってとうとうそのレコードを買ってもらいました。それは「おもちゃの

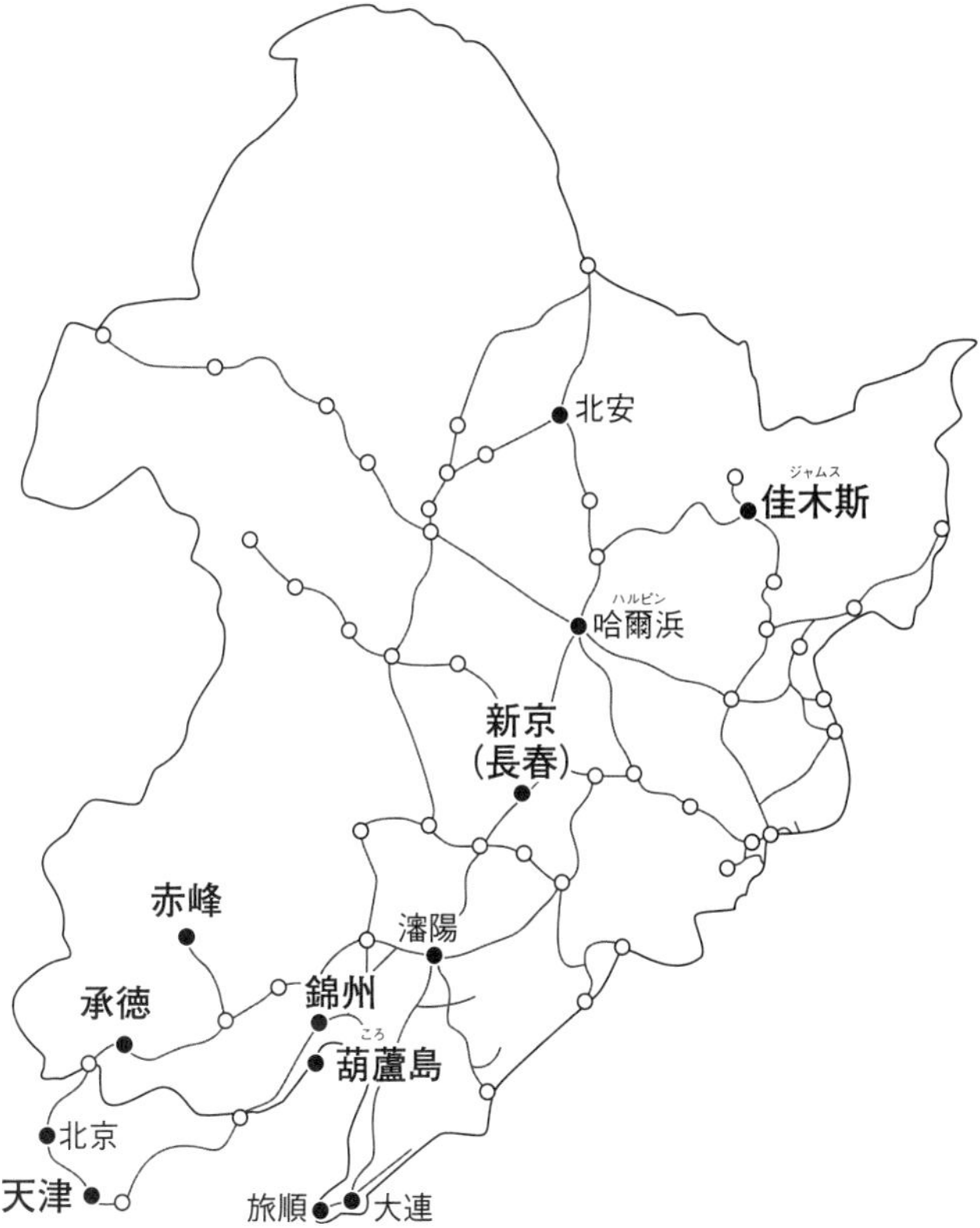

太字は第1章に登場する満州の地域(○—○は南満州鉄道路線)

交響曲」「カッコー・ワルツ」「森の水車」「口笛吹きと犬」といった曲でした。そのレコードは、私の自由になる最初のコレクションとなりました。

隣の部屋から聞こえてきたワーグナー

当時、時おり父が病院から帰宅するのが深夜になることがありました。とくに疲れたときだと思いますが、年に何回かレコードを聴いていました。父がかけたレコードから流れる音楽を、私は隣の部屋のふとんの中でふすま越しに聴いていたのです。その音楽のなかで私がとくに心を奪われた曲が、ベートーヴェンの交響曲第八番と、ワーグナーの楽劇「ニーベルングの指環」第一日「ワルキューレ」のラストシーン、「魔の炎の音楽」でした。

とくに「魔の炎の音楽」は、子ども心に不思議な印象でした。ドラマティックなところにとても惹かれました。父に「それは何の音楽なの？」と聞くと、曲名を教えてくれました。「ワルキューレ」のいちばん最後、ヴォータンが放った炎が、ブリュンヒルデの周囲でどんどん燃え上がっていくシーンの音楽です。「『魔の炎の音楽』。なんだろうこの音楽は？　なんだかすごい曲だなあ」と思って、子ども心に想像をふくらませながら聴いていました。それは、私が初めて音楽に深く感動した体験です。曲名のとおり、魔術のような音楽だと感じました。そんなワーグナーの楽劇のような音楽が身近にあったことが、のちの私の作曲家としての仕事に影響を及ぼしているのでしょう。感動的な音楽が自然に耳から入ってきたことは、今から思えば宝物をいただいたような感じです。

この頃はまだ、「作曲家」はもとより「音楽家」というものの具体的なイメージすら持っていませんでした。しかし、この先もずっと音楽がそばにあったらいいなあ、という想いを抱いていたことは覚えています。

ドイツの作曲家、リヒャルト・ワーグナー(1813-1883)

小学校入学～音楽の教科書がない！

私はこの佳木斯の地で小学校に入学しました。入学式は風邪をひいて欠席し、その後重い肺炎になって危険な状態に陥ったそうです。入学式に出席した母は、私の教科書を持ち帰ってくれました。ところがそのなかには音楽の教科書がなくて、私がそれに気付いて伝えると、父は「何が音楽だ！」と言って怒ったのです。

追ってお話ししますが、父は私がその後音楽を学んだり、音楽の仕事をしたりすることにずっと反対していました。父と私の対立の萌芽《ほうが》が、このときにすでに垣間見えたことになります。戦前という時代の環境も文化全般にとって厳しかったですし、さらに父は医者という堅い職業の気難しい人間でした。だから、男性が音楽に夢中になることや、まして職業にすることなど、父には考えられなかったのでしょう。

小学校には、大人に後ろから抱きかかえてもらって馬で通学しました。楽しいとか怖いとかの感覚を抱く前に、とにかく寒かったという印象が強く残っています。

近くには松花江《しょうかこう》という川が流れていて、夏になると病院の職員さんとそこへ泳ぎに行きました。シャケのような大きな魚が泳いでいて、大人がそれを捕まえていたのを覚えています。また、畑にコーリャン（もろこし）を盗みに来る泥棒のことも印象に残っています。泥棒を見つけた大人が自転車で追い掛けていくのですが、畝《うね》があるのでスピードが出せずになかなか追いつけない。子ども心に、おもしろい光景だなぁと思っていました。

大好きだった真方先生

その後家族はふたたび新京市に引っ越し、私は春光小学校（師範学校附属）に通いました。ここで真方《まがた》先生というユニークな先生に出会うのです。おそらく師範学校を卒業して間もない、二〇代後半の男性の体育の先生で、私のクラスの担任でした。私は先生がとても好きでした。

学校は二階建ての赤煉瓦の校舎で、教室は一階が小学校、二階が師範学校でした。つまり、一階に小学生、二階に大学生がいるのです。大きな運動場が、整地によって日に日に広くなっていくのを見ながら授業を受けていました。

あるとき、真方先生は授業の改革を行いました。毎日一時間目から五時間目まで、小学校と師範学校の授業を合同で行うことにしたのです。それ以来、いつも先生がクラスに五、六人いる状態になりました。今考えても、授業はすばらしい方向に変わりました。

また真方先生は、小学校と師範学校の合同で行っていた毎日の朝礼の改革も行いました。校長先生の訓話を中止。その代わりに、全員が広い運動場に整列した後に走り始め、途中に並べられているトランポリンなどをぐるぐる回るのです。先頭が真方先生、その後ろが校長先生、それから一年生から学年順、一番最後は師範学校の生徒という順番でした。

そんなある日、私は真方先生と手をつないで自宅への帰途についていました。いろいろと話し込んで、その流れで真方先生は私の家で夕飯を一緒に食べることになったのです。そのとき真方先生は母と私に、「ところで、蒔《まい》田《た》君（冬木透の本名は蒔《まい》田《た》尚《しょう》昊《こう》）は何か歌とか楽器を特別にお稽古しているのですか？」と尋ねてきました。真方先生は、私に何かしら音楽の才能があることを感じたのだと思うのですが、私は真方先生の前では特別なことは何もしていませんでしたから、どこでそう思われたのかは残念ながらわからないままです。私が当時やっていた楽器はハーモニカぐらいでしたし、それを学校で吹いていた記憶もありません。今となっては確かめようもないのですが、とても不思議です。

真方先生とは映画を観た思い出もあります。学校の前の道には市電が走っていて、二駅先に満州国の国策の映画会社である満州映画協会（満映）がありました。年に何回か学校行事として映画鑑賞があり、先生たちとそこへ映画を観に行くのです。李香蘭の映画を観た記憶があります。当時、才能のある多くの日本の映画人がここで映画を作っていて、彼らは戦後日本に戻って日本の映画界で大活躍することとなりました。

この頃の音楽体験として、とてもよく覚えていることがあります。それは日曜日に母とデパートへ買い物に行ったときのことです。母は紫色の矢絣《やがすり》の着物を着て、私の手を引いていました。雨の上がった街のアスファルトを歩いていると、モーツァルトの「トルコ行進曲」がどこからともなく聞こえてきました。これが、私の記憶に残る最初のモーツァルトです。私にとってこの曲は、雨上がりの光景と結び付いているものなのです。

初めて歌った讃美歌

その後私たちは承徳に引っ越しました。すでに戦争のまっただなかでしたから、小学校の音楽の授業では軍歌しか歌えません。担任の国語の先生が予科練を志望していたのですが、腕を怪我して敬礼ができなかったために入隊を断念していました。そうしたこともあり、私たち生徒は、その先生に「予科練の歌」（「若鷲の歌」）を歌わされていました。

昭和一七〜一八（一九四二〜四三）年頃は、年に一、二回、旅人のキリスト教の宣教師がわが家を訪ねてきていました。モンゴル地方などを説教、宣教して歩いている福井先生という日本人のご夫婦（福井二郎・敏子）です。中国語に堪能で、非常にきれいな発音で話される方で、わが家で二泊程度休んでまた旅に出るまでの間に、近所の人を集めてそこでも説教、宣教をしていました。そのなかで、私たちは何曲かの讃美歌も歌いました。このとき私は初めて「讃美歌を歌う」という体験をして、音楽への何か憧れのようなものを抱かされたことを覚えています。これは、私がキリスト教、キリスト教音楽、讃美歌といったものに初めて触れた重要な経験でした。

またこの当時、家には三味線が一棹ありました。父が仕事に出掛けた後、私と母が家で二人だけになると、三味線に合わせて知っている歌を二人で歌いました。それは、自宅のレコードのなかにあったコロムビアの青レーベルの日本の歌、童謡、福井先生から教わった讃美歌などです。母と一緒に「ドードレ、ミーミファ、ソーラソミー、ソーファミレー」(イングランド民謡「ロング・ロング・アゴー」)と歌い、その続きを私が間違えると、母は「そこはファーミドシー、じゃなくて、ファーミレドー、だよ」などと、直してくれました。

ラジオでなじんだクラシック音楽

この頃、私はＮＨＫラジオで放送されていた朝のクラシック音楽の番組を聴いていました。当時満州国は日本の統治下にありましたので、ラジオでは基本的に日本語による日本人向けの番組を放送していました。三、四〇分番組のなかで、モーツァルト、ベートーヴェン、シューベルトなどのピアノ曲や室内楽曲がよくかかりました。その番組は、おそらく小学校へ行く前からずっと聴いていたため、かなり影響を受けたと思います。前にお話ししたワーグナーほどの強烈な体験ではありませんが、エドヴィン・フィッシャーのピアノによるベートーヴェン、シューベルトのソナタや即興曲が印象に残っています。私の音楽体験の原点の一つには、このようにして聴いて自然と惹かれていったドイツ音楽があるのです。後年父は私が音楽の道に進むことには反対していたものの、わが家のなかには何気なく音楽があって、私は知らない間に音楽を植え付けられていたのでしょう。ドイツ音楽を中心に放送していたのはやはり当時の時世からで、フランス、ロシアの音楽はかかりませんでした。

この頃の音楽体験として、もう一つ重要なことがあります。小学四年生の頃、終戦までの数ヶ月間だけ、石原先生という若い女性の先生に個人でピアノを習い、「バイエル」を教わりました。私が母親に頼んだのだと思います。石原先生は、新しく小学校に赴任してきて私のクラスの担任となった音楽の先生で、わが家の近くに住んでいました。しかし、そのピアノのレッスンも戦争が終わるとともにそれ切りになってしまいました。

また、視覚的にとくに印象に残っていることがあります。あるとき、戦地の兵隊さんに慰問の手紙を書く授業で、私が一等賞になりました。私は夜の生放送のラジオ番組で朗読するために、石原先生と放送局に行ったのです。放送局に着くと、私たちを迎えたのはキラキラとした青や赤のいっぱいの電球の光でした。その光景が夢のようで、私は一瞬、手紙の朗読などどうでもよくなりました。のちに羽田空港の滑走路で、青や赤の電球が光っているのを見たときに、その放送局のことを思い出したことがありました。

錦州駅で終戦を迎える

さて本書の冒頭で思い浮かべた私の「原体験」のイメージですが、これからお話しするこの時代には……いっせいに花開く五月の満開のニセアカシアの春、二輪車にはためく旗《チー》袍《パオ》、娘《ニャンニャン》々祭りのりんご園、そのまん中で停まる特急列車、魔の炎、ロシア人と腕時計、ラマ教の着ぐるみ、なまはげ仮面、鍋炭を顔にぬる女性の災難、伝染病と友だちの死、関東軍の敗北・運動場の兵器の山・戦闘機の宙返り……そんな情景が強烈に印象に残っています。

昭和二〇（一九四五）年八月一三日、つまり終戦の二日前、父は承徳の病院に入院している日本人患者の国外への退避を任されることになりました。汽車で朝鮮半島へ抜け、そこから日本へ渡る計画です。急遽《きゅうきょ》準備をし、一四日中には患者と私たち家族ら日本人を乗せた汽車は承徳駅を発ちました。しかし翌一五日の午前中、汽車は承徳駅から三つ目の錦州駅で関東軍によって停められてしまったのです。大人たちが駅長室に集められました。「玉音放送」です。戻ってきた母の泣きはらした顔を見て、子ども心にも日本は戦争に負けたということがわかりました。

終戦を知ったとたんに関東軍は無秩序になりました。私たちが乗って来た列車から乗客たちを暴力的に引きずりおろし、その列車を奪って逃げていったのです。駅長は新たに車輛を仕立てましたが、それも軍に奪われる。またひと車輛仕立てると軍に奪われる。そんなことを繰り返し、最後にはどうにか仕立てた無蓋車輛までも関東軍に乗っ取られるに至って、とうとう駅長は列車の運行再開を断念しました。

辺りは病人やけが人であふれています。せめて病人の居場所だけでも……と、錦州市街で見つけたのが、情勢悪化にともない生徒全員を帰国させたために空いていた女学校の寄宿舎だったのです。そこへ患者たちを移し、診察室を作り、私たち蒔田家も住みました。診察室の父の机の上に置かれた葉巻の箱には、拳銃が一つしまってありました。

終戦の日から、満州には人を守るべき政府も軍も存在しなくなったのです。私たち家族も夜襲を逃れるため居を移すこともありました。戦時中に虐げられた人々による襲撃、ソ連軍の侵攻、略奪。また時を経て、日本人技術者に対する拉致や拷問……それは厳しい時代でした。いっぽうで、そんななかにあっても、嬉しいことやのどかな時間もあったのです。

王兄弟の想い出

私が生まれる前からの父の友人に、満州人の王《ワン》さんという兄弟がいました。兄の「王安《アン》得《ドー》」さんの「安得」とは、キリストの十二使徒の「アンデレ」から名付けられたと聞いています。父は、自分が院長をしていた承徳の国立康生院の事務長を王安得さんに任せて、長年深く信頼を寄せていました。その王さんが、錦州に留まっていた私たち家族の居所をどうにか探し当て、承徳からのおよそ三五〇キロ近い道程を背中に五、六〇キロあろうかという荷物を担ぎ、徒歩で訪ねてきてくれたのです。そのときの私たち家族の喜びようといったらありませんでした。王さんが「先生、これがなかったら仕事ができないだろう！」と言って取り出したのは、父が承徳の病院で使っていたカールツァイスの顕微鏡とライカのカメラだったのです。

王さんには弟がいました。弟は元は馬賊の頭領でしたが、兄に諭され手下たち共々キリスト教徒に改心すると、錦州の郊外に立派な石の鐘楼のあるキリスト教の教会を建てて牧師として布教に努めていたのです。弟は、さらに満州人の子どものための学校を作り、そこでは師範学校を出た先生方による授業を行いました。日本人の生徒は私ともう一人の少年の二人だけで、そこへはおよそ三ヶ月通いました。その学校には、日本語での代数の授業や、中国の古典の授業もありました。「李白」の詩で中国古語による「韻」の美しさを知ったのもそのときです。

この頃の私は、本名の蒔田尚昊を中国読みにした「石尚好《スーサンハオ》」という名前を使っていました。

引き揚げ船に乗らず錦州に留まる

終戦の翌年の五月、ようやく錦州の隣り駅の葫蘆島《ころとう》から日本への引き揚げ船の往復が始まりました。当時錦州には、帰国を望む日本人が大勢集まっていました。私は当然蒔田家も引き揚げ船に乗って日本に戻るのだろうと思っていたのですが、父は「乗らない。帰っても親類縁者もいないし、原爆の影響がどうなっているのかもさっぱりわからない。もう日本には帰らない。満州に骨を埋める」と言ったのです。そうして私たち家族は、終戦後三年ほど錦州に住むことになりました。

引き揚げていった日本人が残した家財道具のなかには、お琴が二張ありました。それまでわが家にあった楽器といえばハーモニカと三味線くらいでしたので、私は喜んでその琴を壁に二張並べて立て掛け、「ドードレ、ミーミファ、ソーラソミー、ソーファミレー、ファーミレドー……」（前出の「ロング・ロング・アゴー」）と弾きました。また、たくさんの本も残されていました。吉川英治の『鳴門秘帖』、『宮本武蔵』、大佛次郎《おさらぎ》の『鞍馬天狗』、『研数学館365日のドリル』、ダーウィンの本……それらは学校へ行けない数年間の私の勉強の支えとなり、そこから多くのことを学んだのです。

満州の若い女の子が夏服に衣替えをするこの五月の季節は、ニセアカシアの真っ白い葡萄のような花が満開になり、いい香りが漂う一番いい季節です。実に田園的で忘れられません。

夏のある日、近所に日本人は蒔田家を含め二家族しか残っていなかったので、遊び相手もいない私は畳の上で寝転がっていました。すると、開いた窓の遠くからヴァイオリンとチェロとピアノ、つまりピアノ三重奏の音が聞こえてきたのです。私は驚いて外へ飛び出しその音を探しました。するとやがて、ニセアカシアの並木の先の小高い丘に行き着いたのです。

丘の上では、かなり年配の中国人が馬頭琴とシタールのような中国の楽器で、民族曲を奏でていました。馬頭琴がヴァイオリンとチェロに、シタールのような楽器がピアノの音色に聞こえたのだと思います。この頃は前述のNHKのラジオ番組も聴いていなかったので、久々にあのドイツ音楽の世界に呼び戻された感覚でした。

また、当時の音楽に関する思い出の一つとして、毛沢東率いる中国共産党軍である八路軍の兵士が行進しながら歌っていた軍歌があります。「八路好、八路強、八路的兵是、ションマー、ニーナイ、タン……」。軍事訓練でもしていたのでしょうか、毎日この歌が遠くから風に乗って聞こえてきました。歌の後半は、威勢の良い掛け声のようになります。

昭和二三（一九四八）年、父は蔣介石が接収した大きな紡績工場内の病院の責任者として抑留されていました。いまだ引揚船に乗らないでいた日本人は、蒔田家と、会計を専門にしていた秋田家だけで、錦州に残っていた日本人はおそらく一〇人くらいだったと思います。

当時蔣介石は徐々に劣勢になってきて、日本人のことなど考慮しなくなっていました。そうしたこともあって、毛沢東が攻めてきたら日本人は捕まってどうなるかもわからない、という話で持ち切りになり、私たち家族は上海へ移動することになりました。いっぽう秋田家は天津に移られ、その後の消息はわかりません。

素晴らしかった上海の音楽環境

上海に移ってみると、ここでもすでに日本人はかなり少数となっていました。当時の上海では、技術や知識を持つ日本人が抑留されていて、医者の父もその一人となりました。上海では錦州などと異なり、そうした人たちがそれぞれ得意とする専門分野で自由自在なカリキュラムを立て、日本人の子どもたちに教えていました。

そのなかには、木琴奏者の岩井貞雄もいました。岩井貞雄は、昭和一〇年代（一九三〇年代）から上海を中心に演奏活動を行っていました。終戦後も上海に留まり、日本租界の一軒家でボロボロの畳の上に置かれた足踏みオルガンやハーモニカなどのかんたんな楽器を集め、子どもたちに音楽を教え、その成果を月に一回演奏会で披露していたそうです。

残念なことに、蒔田家が昭和二三（一九四八）年に上海に着く直前に、岩井貞雄は入れ違いで日本に引き揚げていました。ですから私は話だけしか聞いていないのですが、たしかに上海には「音楽的な空気」がとても強く残っていました。居合わせた子どもたちは、歌でも楽器の演奏でも、テクニックや感性においてバイエルさえちゃんとやっていない私よりもはるかに先を行っていたのです。それは、岩井貞雄の教えがあったからこそでした。

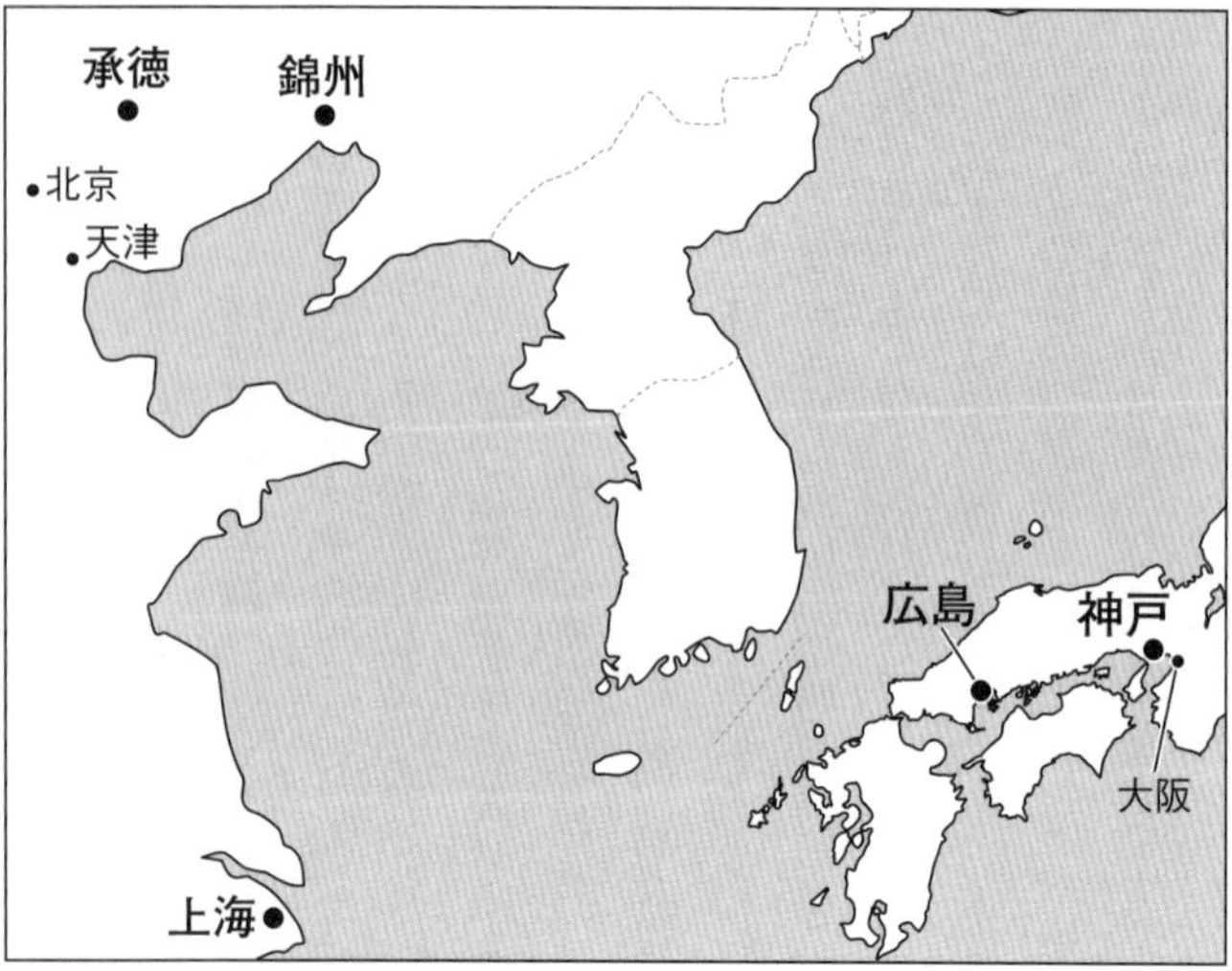

満州・上海・日本　広域地図

またそこでは、たとえば英語でしたら先生がテニスンの詩を日本語に翻訳し岩井貞雄が作曲してみんなで歌うといった、ワークショップのようなことが行われていました。それはあとから考えると、奇しくも新京の春光小学校で行われていたカリキュラムと同じような感じでした。

上海の一年で印象に残っているのは、クリスマスにキャロルや讃美歌を世界各国の人たちと歌ったことです。一二月二四日の夜一〇時からの夜中のミサに向けて練習を重ねます。当日、上海の目抜き通りにある大きな教会でミサに参列すると、みんながクリスマスの讃美歌を英語、ドイツ語、フランス語、中国語など自分の国の言葉で歌い始めました。一〇ヶ国前後もの言葉で同時に歌ったあの経験は、忘れられない記憶です。このように、上海は信じられないほど音楽的に成熟した街でした。

日本・広島へ

昭和二四（一九四九）年五月頃、中華人民共和国が成立する少し前、ついに蒔田家は石炭を運ぶ貨物船で日本に引き揚げることになりました。父が抑留されている身ですから、こっそり荷物の陰に隠れて船に乗りました。そこには少なからぬ数の日本人が乗っていました。「日本に帰るつもりはない」と言っていた父でしたが、私が「ここでは勉強ができないから帰りたい」と言ったことが効いて、気持ちを変えてくれたのです。ただし、「音楽の勉強」と言ったら帰れなかったかもしれません。

この年は、蔣介石が毛沢東率いる中国共産党に敗れて台湾に逃げた年でした。世情が慌ただしかったので、蔣介石も毛沢東も上海の港から船が出るということをあまり問題にしていなかったようなのです。その船になぜ乗れたかと言うと、日本人の船長がいろいろ便宜を図って手配してくれたからでした。それほど遠い航路ではなかったはずですが、日本までは一週間かかりました。船長が神戸の人だったからなのか、船は神戸に到着しました。

頭からＤＤＴ（この時代に使われていた殺虫剤、農薬）をぶっかけられて上陸すると、子どもも大人も一人につき現金一〇〇〇円と、全国どこへでも行ける国鉄の切符一枚を渡され、放り出されました。それが初めての「わが祖国日本」だったのです。

そのまま父は東京へ仕事を探しに、母と私と妹は母の故郷の広島へ行くことになりました。私たち家族は、進駐軍によって占領された神戸の町を港から駅へ向かって歩きました。着飾ったマネキンの後ろを通り抜けると、突然、目眩《めくるめ》くような（渦巻くような）音楽の波にのみ込まれたのです。道端に置かれたターンテーブルの上で回っていたレコードは、ウェーバーの「舞踏への勧誘」……私は陶然となり、その場で足が動かなくなりました。


世界はこんなに美しいのだ……私はそっちの世界へ受け入れてもらえるのだろうか……白鍵と黒鍵、冷たく拒否する向こう側の世界。運命かもしれないし求めていることが得られないということかもしれない……。

それらは少し現実離れしていて、もしかしたら幻だったのかとも思えますが、たしかに神戸のどこかで見た光景です。

神戸から汽車に乗りようやく広島駅に着いたのは夜も遅い時間で、最終バスから眺める町は闇に包まれていました。ですから、初めて訪れた広島で私は原爆の爪痕を見ることはありませんでした。私たちを乗せたバスは夜の広島市内を抜け、中国山地をひと越えして、母の出身地の八重町（現在の北広島町）まで行きました。そこで母の遠縁にあたる人の家に住まわせてもらい、なんとか生活を始めました。その地域は原爆の影響をほとんど受けていませんでした。

父の就職活動は予想以上に大変でした。父の専門はレントゲン科で、母校である東京の大学病院や紹介を受けた九州の大学病院にも足を運び、職を頼みました。しかし、その頃の日本ではレントゲンそのものが未だ普及していなかったので、需要がありませんでした。やがて父も広島に落ち着きました。一度は広島での開業も考えたようですが、資金の問題や開業に必要な書類も調わないことから断念し、手に入れた薬を使って八重で「村の診療

第1章に登場する広島の地域

所」のようなことをしていました。

失われた故郷、満州を思い出す幾多の光景のなかで、ひときわあざやかによみがえるのは赤峰の星空です。赤峰は承徳よりさらに奥地で、モンゴルの草原地帯に近いところでした。小学校に入る前でしょうか、母方の伯父が連れて行ってくれて、一晩泊まることになりました。夜中に便所へ起きると、そこは戸外で一本の外灯すらなく真っ暗でした。見上げると夜空を覆う大きな星々、それらが煌《きら》めきながらも自分のところへ迫って落ちてくるような、降ってくるような気がしました。まるで宇宙が被《かぶ》さってくるようで悲しいとも寂しいとも言えない心持ちになり、なぜか涙があふれ出してただ大きな声で泣きました。そこへ伯父がやってきて、「泣くな」とやさしく言葉をかけてくれたのです。
私の満州は「果てしなく大きな」イメージですが、この赤峰の星空は幼かった私が宇宙を垣間見た瞬間でした。

こうして生まれ育った大陸を離れ、見知らぬ祖国日本での生活が始まりました。私は一四歳になっていました。身を寄せた遠縁は母が兄のように慕う人で、この人は満州にもいたことがあって私たち家族とは大変親しく、その子どもたちと私は満州で兄弟同然に育ちました。当時八重の辺りは山間《やまあい》の農村で、間借りしたのも馬小屋の屋根裏部屋でしたが、窓から手を伸ばすと柿の木に手が届き、秋には熟した実をもいでは食べていたものです。

高校の先輩と連弾したシュトラウス

八重に住み始めた五月頃、私は中学三年生の年齢でしたが、高校に入学することになりました。その理由は、中学校が通うには遠く、いっぽう県立の農業学校である八重高校が、家から近かったからです。八重高校には、農科、普通科、家政科がありました。私は職員室を訪ね、一級上の中学四年生の在学証明書を出し、入学試験を受け、問題なく高校一年生として入学できることになったのです。在学証明書は、錦州の学校で作成してもらったものに加筆したものでした。

こうして入学した八重高校には音楽関連の部活動はありませんでしたが、ある日音楽室からピアノの音が聞こえてきました。行ってみると、大きな男がピアノを弾いているのです。一学年上の児玉君という、父親が精神科医をしている先輩でした。近寄ると「ああ、蒔田ってきみ？」と言われました。転校生に音楽ができる奴がいる、と噂になっていたようでした。私はお話ししましたとおり、ピアノは子どもの頃に数ヶ月バイエルを習った程度で、当時持っていた楽譜も、上海で買った「エリーゼのために」、ショパンの「ノクターン」、シューマンの「トロイメライ」などやさしく弾けるピアノの曲が収載されたものだけでした。それでもなんとなくピアノを弾けたのです。児玉君はピアノが上手で、二人でヨハン・シュトラウスの「美しく青きドナウ」などのワルツやほかの曲を思い出しながら楽しく連弾して、仲良くなりました。さらにほかにも四、五人、音楽が好きな友だちがいたので、声を掛けて音楽部を創設。そこでは、二人の連弾を売り物にしてコーラスも入れて、広島県の田舎のほかの高校を演奏旅行と称してまわったりしていました。

初めて聴いた生のオーケストラ

八重や隣り町の新庄は北広島に位置するのですが、この地域は今でも神楽などの古い芸能が残っています。当時は毎年秋祭りがあり、村の若い連中が夜中に踊ったり演奏したりして、賑やかでみごとなものでした。みんな夏休みの頃から練習し、おそらく秋祭りで開催されるコンテストでの入賞を目指していたのでしょう。広島はそういう土地柄で、現在でも高校生の神楽の全国大会が開催されています。

八重高校での昼食の時間のことです。お弁当を食べ終わってアルミの弁当箱の中に箸をしまうとガチャガチャと音が出るのですが、それを誰かがリズムを取るように鳴らし始めたのです。トンチキトンチキトントンチキチキ。するとそこに一人参加し、二人参加し、徐々に増えていって、教室にいた二〇人ぐらいの全員が音を揃えて実にみごとな祭り囃子となりました。私は驚きつつもとても感動しました。この土地に根付いた音楽は高校生たちにもしっかり受け継がれていて、それが生きたかたちで自然に音楽になるということを目の当たりにしたのです。

また夏休みの終わり頃のある日、八重高校の井上校長が「蒔田君、隣の新庄高校を紹介してあげるから、私の息子と二人で文化祭に行ってごらん」と言ってくださったのです。校長の息子は私と同じクラスで席が隣だったこともあり、最初に仲良くなった友だちでした。新庄高校に行ってみると、なんとそこにはオーケストラがあったのです。全部で十数名の規模でしたが、弦楽器も五部ありました。私立の学校ならではのことだったのでしょう。私はここで初めてオーケストラというものを生で聴きました。もちろんそれまでオーケストラの音楽はレコードやラジオでは聴いていたのですが、初めて聴く生の音は決定的に違いました。胸がドキドキして心がわくわくした感覚を今でも覚えています。

指導していた音楽の中村先生（男性）は、弦楽器も管楽器も全部教えていました。翌日、もう一度中村先生に会いたいと思って、訪ねていきました。私は先生に「音楽の勉強がしたいんです」と言ったところ、中村先生に「バカヤロー！」と言われました。「お前そんなことで、家族を食わせていけると思ってんのか！」と。いちばん痛いところをつかれて、すごすごと帰ることになりました。あとから当時を振り返って考えると、中村先生は楽器を全部自費で買って生徒に渡して演奏させていたと思われ、それで身上を潰したようなのです。しかも後日談では、新庄高校は火事になって、それらの楽器は全部燃えてしまったのだとか……。

転校して合唱部に入部

昭和二六（一九五一）年夏、私たち家族は広島市内に引っ越しました。私も広島観音《かんおん》高等学校の普通科に転校し、高校三年生の二学期から通うことになりました。広島市内も少しずつ復興が進んで、人々も落ち着いて生活ができるようになってきたのです。また父が江田島の病院に勤務することになって通うのには遠くなったのも、転居の理由だったようです。

公立ながら野球の名門校である観音高校は、ほかのクラブ活動もさかんで、私はさっそく合唱部に入部しました。八重高校と同様観音高校も共学でしたから、合唱も混声で、部員は三〇人以上です。私にとってみんなで声を合わせて歌うという経験はこのときが初めてでしたが、これはやみつきになりました。合わせた声が響いていく感触とはこういうものなのか、とゾクッとしたことを覚えています。部の活動内容は、練習を重ねて文化祭でお披露目をする、というよくあるかたちのものでした。

この合唱部での体験は、私の音楽の原点であるワーグナーの「魔の炎の音楽」にもつながるものです。まさしく私の音楽体験は声楽や合唱から始まったのですから。文化祭で歌った曲で印象に残っているものは、モーツァルトの「ミサ曲ハ長調」とヨハン・シュトラウスの「美しく青きドナウ」です。とくにモーツァルトのミサ曲は大曲ですが、高校時代ですからいわゆる「背伸び」をしていたのでしょう。

私は暇があると合唱部の部室に行っていました。数は少ないけれども、レコードや楽譜もあり、そこで私は初めてオーケストラのスコアを見ました。それはシューベルトの「未完成」でした。もちろん「未完成」の音楽自体はレコードやラジオで聴いていましたが、それが具体的にどのような音符で書かれているのかを知ることは、私にとって大きなことでした。

現役の部員だった期間は半年だったものの、観音高校合唱部とのご縁は今も続いています。平成天皇即位の年の大嘗祭《だいじょうさい》の日は、たまたま合唱部のメンバーで集まって飲んでいたのですが、そこで会の名前を付けようということになり、大嘗祭の日にちなんで会の名前は「大丈夫会」にしました。令和三（二〇二一）年三月三〇日に開催された「蒔田尚昊 歌の世界」（主催・蒔田尚昊 歌の世界制作委員会）でも、観音高校OB合唱団からの委嘱で作られた「きみの笑顔により添って」を取り上げました。

音楽の道に進むことを決意

お話ししたように、私は小学校に入る前から漠然とずっと音楽がそばにあるといいなあと思っていました。高校生になって、あらためて卒業後に何をしたいのかいろいろ想いをめぐらせた結果、やはり音楽の勉強がしたいと考えたのです。しかし、私は以前から父に「音楽がやりたい、音楽がやりたい」と繰り返し言っていたのですが、父には「だめだ、音楽家なんかになったら家族を養っていけないし、そもそも自分一人でも食っていけないんだぞ」と、ずっと反対されていました。高校生の頃はそうした父とは決裂し、二年あまり口もきいていなかったと記憶しています。

しかし卒業を前にしたある日、学校から帰ってくると机の上に何かが置いてありました。何だろうと思って見てみると、それは入学願書でした。ちょうど私の高校卒業のタイミングで、広島にエリザベト音楽短期大学が創立・開校されることを知った父は、その願書を取り寄せてくれていたのです。私がエリザベト音楽短期大学に入学したのは、たまたまそういう巡り合わせによるものでした。父はこの時点で説得をあきらめたのか、それともいったん見て見ぬふりをすることを決めたのかは、わかりません。いずれにしてもこのときが、私の人生が大きく音楽へと舵を切った瞬間でした。

作曲家の道を選択

音楽の道のなかでも「作曲家」を選んだのは、かなり偶然です。音大進学を真剣に考えるまでは「作曲家」という存在に具体的に触れる機会がなかったので、自身の進路として思いが至りませんでした。

そのような状況のなかではっきりと作曲の道を選んだのは、エリザベト音楽短期大学の受験を決意したときに、専攻もあわせて決める必要があったからです。それまで作曲は誰にも教わったことがなく、もちろん本格的に作曲をしたこともありませんでした。作曲なんて、できるわけがないと思っていました。それなのに、かなり迷った末になぜ作曲専攻を選んだのか、私自身も今となっては謎です。器楽のうまい人はたくさんいると考えて、消去法的に選んだような気もします。高校三年生のときは合唱部にも所属していましたが、声楽の道も思い至りませんでした。

初年度のエリザベト音楽短期大学作曲科の入学試験は、試験といっても自由に一曲作曲してそれを提出するという課題だけでした。私は五線紙に音符を書いてみました。そうしたらなんだか曲ができてしまったのです。舞曲ふうのピアノ曲なので「マズルカ」というタイトルにして提出しました。八重高校の先輩とヨハン・シュトラウスのワルツを連弾した経験が、入学試験で三拍子の「マズルカ」を書く潜在的なきっかけになったのかもしれません。

そしてエリザベト音楽短期大学になんとか合格し、高校も無事卒業することができました。当時わが家は、とても大学の学費をまかなえる経済状態ではありませんでしたが、ありがたいことに私は特待生にしていただきました。

また昭和二七（一九五二）年三月二四日、私は広島の幟町教会にて受洗しました。

エリザベト音楽短期大学でグレゴリオ聖歌を学ぶ

こうして私は、昭和二七（一九五二）年四月、エリザベト音楽短期大学（昭和三八年よりエリザベト音楽大学）作曲科に第一期生として入学しました。作曲は、東京から通っていらっしゃる市場幸介先生と安部幸明先生に師事することになりました。

昭和二九（一九五四）年に卒業後は、同宗教音楽専攻科で一年学び、昭和三〇（一九五五）年から一年間は、作曲科助手として勤務、計四年間をエリザベトで過ごしました。

エリザベト音楽短期大学と専攻科の三年間では、現代音楽までのさまざまな時代の音楽を基礎から学びました。クラシック音楽は歴史が長く奥も深いですから、一通りのことを吸収するのにも多大な努力が必要だと痛感しました。それぞれの時代の音楽について、量的にはもちろん内容的にも特色のある学習ができて、幸運でした。この三年間は、まさしく今につながっているのだと思います。

なかでもキリスト教音楽をとくに専門的に学んだのですが、最初に系統立てて勉強したのはグレゴリオ聖歌でした。グレゴリオ聖歌は中世ヨーロッパの音楽であり、源流を遡ると六世紀前後にまで至るとされます。単旋律ながらも、祈りの言葉と音楽的表現がすごいものだということを徐々に感じるようになりました。さまざまな意味で非常に深みのある音楽世界だと思います。

グレゴリオ聖歌の授業は、講義を聞くいっぽうで、ネウマ譜（ネウマと呼ばれる記号を用いた、主にグレゴリオ聖歌の記譜）の読み方や音型の分析などの実習、実際に歌ってみてどのような歌い方がふさわしいのかの討議など、多岐にわたりました。理論と実技の両方をうまく学べたと感じています。一つの講義に出席する生徒は多くても二〇人程度、少ないときは一人、ということもありました。

専攻科も含めて三年間の在学中、最も印象深い経験もグレゴリオ聖歌に関するものでした。キリスト教では、キリストが十字架につけられた聖週間という受難の一週間とそれを含む四旬節《しじゅんせつ》（日曜日を除いて四〇日を数えるので四六日）というものがあります。期間中はそのための祈りを捧げるのですが、その聖週間のグレゴリオ聖歌をすべて歌ったのです。そ

本　館

講　堂

冬木透が通っていた当時のエリザベト音楽短期大学。
昭和38年以前のエリザベト音楽短期大学の要覧より転載

んな経験のある人は、おそらく当時の日本ではそれほど多くはなかったのではないでしょうか。深夜の一二時とか、明け方の五時とかに修道院で歌うのですが、それは私にとって音楽家としての決定的な経験でした。

また私が入学した頃は、広島市の世界平和記念聖堂の建設が始まっていました。そこにドイツのケルン市から、ヨハネス・クライス社製のドイツ・バロック・オルガンが寄贈されたのです。私はその組み立てを手伝うことでオルガンの魅力を垣間見て、その後この楽器にのめり込んでゆくこととなりました。

優れた米兵のオルガニストとの出会い

当時のピアノの師である山上先生はとても怖い方でしたが、レッスンのあと、世界平和記念聖堂に行って、半分遊びのような感覚でよく二人でオルガンを弾いていました。そんなある日の夕方遅く、聖堂の螺旋階段にふと目をやると、白い服を着た幽霊のようなものが見えたのです。よく見てみると、セーラー服姿の米軍の水兵が階段を上がってくるところでした。彼は私たちに近寄ってきて、「オルガンを触らせてくれ」と言いました。私は怖かったこともあって「どうぞ」と席を代わると、彼はそこにあったバッハの古いボロボロの楽譜全集からあれこれ曲を選んで弾き始めました。各フレーズごとにストップ（オルガンのパイプ列に風を送ったり止めたりすることで音色を変える装置。音栓）をバシッバシッと入れ始めると、これがみごとで、彼がタダモノではないことがすぐにわかりました。彼は次々にほかの曲も弾き、私たちはいつのまにか彼のストップの使い方をメモしていました。また山上先生は、バッハの曲のフーガの奏法が難しい箇所について、彼に教えてもらっていました。聞くところによると、彼はパリ音楽院の出身なのだとか。彼は山上先生に「ここにこんなオルガンがあるのだったら、私の広島での休暇が始まった一週間前から来るんだった。私は明日呉から軍艦で母国に帰るのです。あなた、アメリカへ来ませんか？」と言いましたが、先生は「いや、残念だが妻子がいるから」と丁重にお断りしていました。

思い返すと当時は世の中の変わり目でしたから、そのようなことがよくありました。私にとって、とても恵まれた環境だったと思います。

エリザベトの創立、ゴーセンス初代学長とプリエート神父の想い出

さてエリザベト開校の功労者、ゴーセンス初代学長とプリエート神父についての話をするにあたっては、あらためて創立の経緯からお話しする必要があります。ベルギー人のイエズス会士、エルネスト・ゴーセンス神父は、原子爆弾の惨禍のなかでも「青少年に希望と励ましを、そして広島に文化の灯火を」と音楽教室を始めました。すると瞬く間に一〇〇人の生徒が集まりました。ゴーセンス神父はこれを発展させ、昭和二三（一九四八）年に広島音楽学校を設立し、さらにエリザベト音楽短期大学の開校へとつなげていったので

す。

　そのような経緯もあって、エリザベト音楽短期大学は、日本の西洋音楽の教育史、歴史からみてもユニークな存在だったと思います。のちに私が欧米へ行ったときに、エリザベト音楽短期大学がいかに欧米の音楽大学と共通点を持っているかということに気付かされました。ニューヨークのジュリアード音楽院を訪れたときのことです。日本の音楽大学では一対一で行う種類のレッスンが、ジュリアードではグループで行われていて、学生がお互いに意見を言い合っていました。このような雰囲気がエリザベト音楽短期大学にはありました。そしてその象徴的な存在が、ゴーセンス学長とホセ・プリエート神父でした。

エリザベト音楽短期大学初代学長、
エルネスト・ゴーセンス神父

　これは想像でしかないのですが、私の父が唯一私の将来について事前に誰かに相談したことがあるとすれば、それはゴーセンス学長だったと思います。私は、直接ゴーセンス学長から指導も受けました。当時の日本人にとって、指揮、ヴァイオリン、音楽史などをすべて習得するのはなかなか困難でしたが、先生はそれら幅広い分野をカバーされていました。ゴーセンス学長だけではなく、ヨーロッパから来られた先生は、皆さん同様でした。

私はゴーセンス学長から、よく言われました。

「まだ足りない。音楽は祈りです。あなたはまだ足りないよ」

その言葉が、本人の佇まいとともに意義をもって私に迫ってくるのです。これは、信仰というある一つの世界を背負っている人ならではのものでした。たしかに、それは私の人格形成に大きな影響をもたらしました。

また、ゴーセンス学長は怒ることはめったになかったのですが、いざ怒るときは深いところから感情が伝わってきて恐ろしかったことをよく覚えています。たわいもない話ですが、学生が学校の制帽であるベレー帽をきちんと被っていない。するとゴーセンス学長は「被りなさい」「なぜ被らないのか」などと言うのではなく、ただ黙って瞳を見つめてくるのです。ゴーセンス学長のその端整な顔立ちと威厳、それだけで私はすくんでしまいました。

いっぽうプリエート神父は、ローマ教皇庁立宗教音楽院副院長で、聖職者でありながらヨーロッパでも尊敬されている音楽家でした。スペイン国際文化使節の一員として来日され、日本全国でのオルガン演奏や、オーケストラや合唱の指揮をするなど、さまざまな活動をされました。エリザベト音楽短期大学には、一年間のみの特別講師として招聘《しょうへい》されていました。オーケストラや合唱の作曲家、指揮者という以上に、音楽全般において最高レベルの芸術家であり、日本にはなかなか見当たらないような存在の人でした。まだ上野に東京文化会館がない時代ですから、東京では日比谷公会堂で演奏会を開くいっぽう、広島の世界平和記念聖堂でも何回か演奏会を行いました。

とくに印象深かったのは、昭和二九（一九五四）年一一月一〇日の「スピリチュアルコンサート」、プリエート神父のオルガンによるリサイタルです。プログラムの前半はバッハなどの曲、後半はトーマス、トゥレス、グリディなどスペインの作曲家の作品でした。そして最後は、ラヴェルの主題で即興演奏されました。プリエート神父のオルガンの即興

スペインの作曲家、指揮者、オルガニスト、ホセ・イグナチオ・プリエート神父

演奏は、他に類を見ないレベルである以前に、「音楽は祈りである」ということを体現していました。私は「刺激をもらう」といった次元を通り越し、「違う世界を見せられた」という想いにあふれていました。

そんなプリエート神父から、ラテン語の意味をしっかり吸収しながら一五〜一八世紀の音楽を学べたことは、私にとって貴重な経験でした。これは、日本のほかの学校ではできなかった体験かもしれません。

ケンプとの出会い

昭和二九（一九五四）年には、あのドイツのピアニストで作曲家のヴィルヘルム・ケンプが広島にやって来ました。「月光」と「ワルトシュタイン」を含むオール・ベートーヴェンのソナタによるリサイタルが、一一月一四日に開かれたのです。

広島市内には音楽専用のホールなどまだなかった時代です。演奏会の会場は、エリザベト音楽短期大学の講堂でした。開校間もない大学でしたが講堂は新築ではなく、安普請で漆喰の壁は所々にひびが入って崩れかけていたり、ねずみが齧っていたりする代物でした。ですので、公演の運営を手伝っていた私は隣り町の広島女学院から借りた黒幕を昼のうちにリヤカーで運んできて、ステージだけでも、とぼろを隠し、照明もピンスポットにしてあらが見えないように苦心しました。

そんな状態のステージでしたが、いざケンプが「月光」の冒頭のアダージョ・ソステヌートを *pppp* で弾き始めたとき、一瞬にして世界が変わったように感じられました。とたんにあたりが、天上から月光のそそぐ夢幻の世界に変じたのです。そのあとは、夢の連続でした。

「ワルトシュタイン」の二楽章、ロンドの主題が滑り出すように始まると、私は滂沱《ぼうだ》の涙でした。あとは何も覚えていません。次から次へと聴衆の要求するアンコールに応えて、ずいぶんと弾いてくれました。最後はシューベルトの子守唄を静かに即興して、最後の和

ドイツのピアニスト、ヴィルヘルム・ケンプ（1895-1991）

音をペダルで伸ばしたまま、そっと鍵盤のふたを閉めたところで終わりになりました。

そのリサイタルから何日後だったかは記憶にありませんが、ケンプが、私が組み立てを手伝った広島の世界平和記念聖堂のオルガンを弾いてレコーディングをすることになったのです。聖堂にはオルガンを管理する人もいなかったので、レコーディングには私が立ち会うことになりました。何かトラブルがあったとしても、私に対処できることはありませんでしたが、こんな得難いチャンスはなかなかありません。図々しくも、当日の朝オルガンの傍らでケンプの来るのを待っていました。

やがてケンプ夫妻が到着し、私はあいさつをしました。すると私を引き合わせてくれたドイツ人の神父が私のことを何と言って紹介してくれたのかはわかりませんが、なんと大ケンプが「マエストロ！」と言って手を差し出してくれるではありませんか！　もちろんユーモアたっぷりに、私の気分をほぐしてくれたことには間違いありませんが、手を握ってもらった私は天にも昇る気持ちでした。

ケンプは楽器の傍らに行くと、夫人が渡したゴム底の運動靴に履き替えました。それは前日夫人が街で買ってきた新品で、本来オルガンを弾くときにはペダル鍵盤用の靴があるのですが、このときはこの運動靴を即席オルガン・シューズにしていました。思ったよりかわいらしい小さめのサイズなので、意外だったことを覚えています。

そしていよいよケンプがオルガンの前に座ると、鍵盤の上で両手を組んで祈ることしばし。あとで本人に聞くと、「よろしくお願いしますよ……」と楽器に語り掛け、心を通い合わせていたのだそうです。

それから「ストップ」の吟味が始まり、ようやく演奏が始まります。まずは、J・S・バッハの「オルガン小曲集（オルゲルビュヒライン）」から二曲。そしてメインの「パッサカリアとフーガ」。ケンプはこの難曲を、昨日まで弾いていたかのように何事もなく弾きおおせました。何週間もかかる演奏旅行の最中だというのに、です。これには驚きました。ときどき夫人にストップのバランスや効果について意見を聞き、それに対して夫人もきわめて謙虚に応えていたのは、見ていて感動的でした。ケンプは、このレコードの売り上げと自身のギャランティを原爆被爆者へ寄付しました。

一九歳の年に起こったこの幻のような出来事で、私の心はケンプ本人の温かく誠実で深い人格に捉えられ、一生変わらぬケンプへの敬愛の念を植え付けられたのでした。

第二章　東京へ　〜ラジオ東京勤務

ラジオ東京音響課入社

エリザベトでの四年間を経て、私はさらに東京の音楽大学で学びたいという思いを募らせていました。しかし、父が身体をこわして江田島の病院を辞めていたこともあり、経済的に困難でした。その私の窮状に手を差し伸べてくれたのは、市場幸介先生と安部幸明先生です。私は両先生の後押しで上京することになりました。第一の目標はあくまでも音楽大学で学ぶことでしたが、まずは学費と生活のための収入を得なければなりません。そのアルバイト先として市場先生が紹介してくれたのが、ラジオ東京の音楽資料課と、先生のご友人である課長さんでした。当時の放送局の音楽資料課は、レコードや楽譜などの音楽資料を買い揃えて分類することがおもな仕事でしたので、音楽大学編入試験のための勉強をしながらできるうってつけの職場であろうというのが市場先生のお考えでした。そのよういきさつで私も試験勉強をしながらのアルバイトのつもりで課長さんにお目にかかったのですが、折しもラジオ東京では音響効果の正社員を募集していました。課長さんはアルバイトよりも正社員のほうが良かろうとおっしゃって、入社試験を受けることを勧めてくれたのです。すべてが偶然の重なりです。募集人数は五人でしたが、受験者は二五〇人前後いました。その五人に選ばれて合格したというのも、本当に幸運でした。

入社試験の内容ですが、音響効果の仕事のための力が問われるわけですから、音についての課題でした。その一つに、何種類かのメトロノームのリズムを聴いて、その拍の間に手を叩くという課題があったのです。そこで出題されたパターンのなかに、バランスが変で、どう考えても手を叩くことがむずかしいようなおかしなリズムがありました。私は思ったまま、「このリズムは、あえてメトロノームを傾けておかしなものにしているのですか？」と尋ねました。すると試験官が少し焦った感じになり、「そんな意図はない。メトロノームが壊れているかもしれないから、確認して別のものを持ってくるので待っていてくれ」と言われました。実際に壊れていたので、リズムがおかしかったのです。それで、「若いくせにずけずけとものを言って生意気だけれど、音楽的には見どころがあるかもしれない」と思われ、採用に至ったようです。

東京の放送局への就職は、私が音楽の道を志すことに反対していた父を安心させることになったかもしれません。

昭和三一（一九五六）年四月、私は東京に引っ越してラジオ東京に入社しました。私が高校・大学時代を過ごした広島の家には、テレビはもちろんラジオもありませんでした。そのため私がラジオの音楽番組を聴きたいときは、母屋の廊下に一台だけあったラジオを聴きにいかねばならなかったのです。そんな環境でしたから、東京で始まったラジオ局での毎日は、あらゆるジャンルの芸術・芸能に初めて触れることができた素晴らしい時間でした。歌舞伎、新派、新劇、新国劇、映画……各界の超一流の人たちの芸を堪能できる日々だったのです。

擬音の制作、実音の収集

私の配属は、音響効果全般の業務を行っている部署でした。入社一年めはラジオ番組中心に、ありとあらゆる「音」に関する仕事を先輩の見よう見真似で行っていました。いっぽうその頃、ちょうどテレビ放送が始まっていたのです。先輩社員のなかには、新しい分野であるテレビの仕事を敬遠する人たちもいて、そこで私たち入社したばかりの新人五人は進んでテレビの仕事を引き受け、あっという間に牛耳ってしまいました。

この頃の私の仕事の一つには、番組のシーンに合わせて流す「擬音」の作成がありました。たとえば、『鞍馬天狗』『銭形平次捕物控』といった時代劇の番組では、馬に乗っているシーンに対して、「パカパンパカパン！」とか、「タカタンタカタン！」といったイメージの音が必要になります。私は、この音を味噌汁のお椀を両手に持って打ち鳴らして作りました。また、「カア、カア」というカラスの声が必要になれば、そのときは笛を使って作りました。現在の明治座で、当時同様の業務を担当されていた方がラジオ東京まで来てくださって、厳しく教育してくれました。

当初テレビドラマの効果音といえば、このような「擬音」を使うのが一般的でしたが、それではだんだん物足りなくなってきました。そこで、いわゆる「実音」を集めることも始めたのです。

ちょうど録音の技術も機械も急速に進歩している時代でした。録音テープも六ミリテープというものが普及してきました。このテープを扱える録音機は非常に重い機械でしたが、当時としてはわりと小さいサイズだったのです。私はその新しい重い録音機を持って大磯の海岸まで行って、波の音を延々と録音し続けたこともありました。また、山へ行って風の音を録ってきたこともありました。以前は擬音で対応していた「リン、リン、リン」というような虫の声ですとか、「チ、チ、チ」といった小鳥の声も、実際に収録して音階に並べ替えたこともありました。

こうして自然の音をアーカイブにしていったのです。「擬音」に加えて「実音」のライブラリーも作ることができて、音響効果のレパートリーを拡げ充実したものにしていくことができました。

作曲の仕事を始める

音響効果の仕事を続けていくなかで、さきほどの『鞍馬天狗』のときには転機もありました。回を重ねていくなかで、この長編時代劇の連続ドラマで使用する音楽が足りなくなってきたのです。『鞍馬天狗』の作曲自体は、大先輩にあたる作曲家の方のお仕事でしたけれども、ディレクターが「ここはもっと違う音楽がほしいな」と言い始めました。そうしたらスタッフの一人が、私が作曲をできることを知っていて、「蒔田、おまえは作曲できるんだよな？　ちょっとやってみるか？」という話になったのです。

私は、「あぁ、そうですか」とわりと気楽にやらせていただきました。すると、「いけるじゃないか。これでいこう」というふうに、とんとん拍子に話が進みました。運も味方してくれたのだと思います。

実は『鞍馬天狗』の音楽を作る前にも、一度そういうことはありました。昭和三一〜三二（一九五六〜五七）年に放送されたラジオ番組『音楽の小箱』のテーマ曲を、ピアノ・ソロで書いてほしいという依頼があったと記憶しています。しかしこのとき最初に作った曲は、ベテランのディレクターから「まじめ過ぎておもしろくない。番組のための音楽は、もう少しやわらかくないと」と言われました。曲のテイストが、クラシック寄りでカッチリし過ぎていたのです。私は、「そうか、でもやわらかくするにはどうしたらいいんだろう」と悩みながら、作り直したことを思い出します。このようにして、音響効果に加えて自分で作曲した曲が番組に使用されるということが始まったのです。

さまざまな「○○の冬木」

時代劇は、『鞍馬天狗』以外にも『銭形平次捕物控』を手掛け、また、天保の時代を舞台にした『風』も担当しました。『風』は、『ウルトラセブン』とほぼ同時期の昭和四二（一九六七）年の作品です。フルート、弦楽器、ピアノなどを用いたクラシカルな曲も多く作ったので、「音楽の雰囲気が『ウルトラセブン』と似ている」という声も聞かれます。

いっときは、「時代劇の冬木」と呼ばれたこともありました。また、音楽の傾向から「モダン・ジャズの冬木」と呼ばれたこともありましたし、『ただいま十一人』（昭和三九～四二〈一九六四～六七〉年）などを手掛けていたときは、「ホームドラマの冬木」と呼ばれたこともありました。『ウルトラセブン』以降はもっぱら「ウルトラの冬木」ですが、その前にもさまざまに「〇〇の冬木」と呼ばれた時代もあったのです。

どんなジャンルのときも、どんな作品のときも、番組にかかわる人たちとはいつも深夜まで激論をかわしていました。当時は「ドラマのＴＢＳ」と言われていた時代でしたが、このようなスタッフの仕事に対する真剣な姿勢が、それを支えていたのだと思います。

ハードと表現の進化

一九六〇年代当時、テレビの現場ではハードの進歩が早くどんどん新しいものが出てきて、音楽でも録音技術が急速に進化していました。「表現の技術と思想の進化」と「ハードの発展」が同時に起こり、ハードとソフトの両方が大きく羽ばたいた時期にそこに居合わせたのは幸運でした。それを最も如実に感じたのは、その後の特撮の仕事のなかでです。さまざまな技術が進化していく。それと同時に私は放送の仕事を勉強しながら、少しずつ慣れていく。音響効果に加えて作曲の仕事も行う。ドラマ自体のことも勉強する。それらがたまたま時期的に重なったのです。

国立《くにたち》音大編入、仕事と学業の両立

上京したときの念願どおり、ラジオ東京に就職した翌年の昭和三二（一九五七）年、国立《くにたち》音楽大学作曲科の第三学年に編入しました。本音を言うと月謝が安い国立《こくりつ》の東京藝術大学に入学したかったのですが、残念なことに編入制度がなかったのです。それで学費は高かったのですが、編入制度のある私立の国立音楽大学に入ることにしました。ここでは、作曲を専門にされている髙田三郎先生に師事しました。

もともと東京に出てくるときに、仕事と学業を両立させようと思っていたので、一年仕事をしてから、それを実現させました。時間的なことを考えれば現実的に両立はむずかしいことのはずですが、まあなんとかなるだろうという気楽な気持ちでした。朝になったら大学に行って勉強して、夕方にラジオ東京に行ってテレビの仕事をするという毎日です。生放送の仕事の後に翌日の番組の仕込みをしていると、あっという間に深夜になっていました。

退学の危機を乗り切る

仕事と学業、どちらかに融通をきかせるということはできませんでした。入学して一年ほど経って、私の出席率の悪さが、教授会の席で先生方の話題になってしまったのです。聞くところによると、ある先生から「彼は、長い当校の歴史のなかでも前代未聞の学生だ。もうこれ以上無理ではないか」という話が出たそうです。そのとき髙田先生が「私が彼にラジオ東京を辞めるように言うから、退学にするのは待ってくれ」と言ってくださったそうです。当時髙田先生と、

「おまえラジオ東京で仕事しているんだって？」

「はい」

「だから、単位や出席が足りないんだよ。ラジオ東京を辞めないと進級させてやらないからな」

「わかりました、辞めます」

　という会話をしたのを覚えています。しかし当時父が体調を崩して働いていなかったので、私は仕送りをする必要があり、仕事を辞めるわけにはいきませんでした。ですので、ラジオ東京には隠れて通い続けました。それ以降は、出席の代返を五人ぐらいに頼んだのです。「君は何曜日の何時間目、君は何曜日の何時間目に、『はい』と返事してくれよ」と。なんと同じ時間に開講されていた講義を三つ選択して、その方法で単位を取れてしまったこともありました。なぜばれなかったのかが、不思議です。ある意味、おおらかだった部分もあると思いますが、これもやはり幸運だったと思います。

アルバイトでオルガンを弾く

　ある日さらにアルバイトを探そうと思って、学生課を訪ねたときのことです。事務局で掲示版を見ていたら、「蒔田さん？」と、ある女子学生から声をかけられました。「私、山本と言います」と言われ、もちろんよくある苗字ですからすぐにはピンときませんでしたが、その女性は作曲家の山本直純さんの妹さんだったのです。彼女は日曜日にチャペルでオルガンを弾いていたのですが、事情があってアルバイトを辞めることになったので、後任の人を探していました。私にとっては願ってもないチャンスでしたので、すぐさま手を挙げて引き継ぎました。さっそく池袋からバスに乗って練馬まで通い、米軍の家族宿舎「グラントハイツ」のチャペルでミサのオルガン伴奏を始めました。これは、なかなか楽しくて勉強にもなる仕事でした。

国立音大卒業

国立音楽大学ではおもに一般的な作曲を学び、三年、四年の単位を取って昭和三四（一九五九）年に卒業しました。当時、楽器のなかで最も興味があったのがチェロだったので、卒業作品として「無伴奏チェロ・ソナタ」を作曲しました。グレゴリオ聖歌のように単旋律という形式もやってみたくて、無伴奏に決めたのです。まあ、そもそも一小節を書くのにソロの器楽曲の何十倍も時間がかかるオーケストラのような大曲は、働きながらは書けませんでしたが。卒業演奏会には、私の父も聴きにきてくれました。曲想が二〇世紀的な現代音楽だったので、父は「おまえ、あんなことをやっていたのか!?」と驚いていたことが印象に残っています。

TBS退社、独立

国立音楽大学卒業後も引き続きラジオ東京（昭和三五〈一九六〇〉年よりTBSに社名変更）で仕事をしていましたが、昭和三六（一九六一）年に退社。その後もTBSとは、引き続きテレビ、ドラマの仕事を続けました。社員ではなくなっただけで、毎日の仕事と時間の過ごし方はさほど変わりません。その後、作曲の仕事と並行して昭和三九（一九六四）年に桐朋学園大学に勤務して教えることも始めました（以上の詳細は、第四章でお話しします）。

放送局でテレビ番組用の音響効果や作曲の仕事を担当したことで、さまざまな楽器のことはもちろん、現場でしか経験できない多様な勉強ができました。学校で理論を、スタジオで応用を学んだと言えるかもしれません。

また何より大きかったのは、私の人生において重要なさまざまな人との出会いです。たとえば私が大きな影響を受けた円谷一さん（現・円谷プロダクション初代社長である円谷英二の長男、同二代目社長）とは、入社してしばらくして知り合いましたが、退社後の昭和三六（一九六二）年から始まったＴＢＳの「純愛シリーズ」で一緒に仕事をさせていただきました。円谷一監督には、「これやらない？」という気軽な感じで作曲と効果の両方の仕事を頼まれました。浜松のピアノ工場でのシーンでは、当時最新の録音機を持って、昼休みのサイレンの音を採録したことを覚えています。またほかにも、のちに『ウルトラセブン』で共に仕事をすることになる実相寺昭雄監督、満田稔《かずほ》監督、鈴木俊継監督などともこの時期に知り合い一緒に仕事をしました。ここまでお話ししてきたさまざまな経験、出会いがなくては、『ウルトラセブン』という作品は生まれなかったのだと思います。

第三章　ウルトラセブン

あまりに偉大な『ウルトラセブン』

『ウルトラセブン』は、昭和四一（一九六六）年放送開始の『ウルトラQ』、『ウルトラマン』の後番組となる円谷プロの「空想特撮シリーズ」第三弾として企画され、昭和四二（一九六七）年一〇月一日から昭和四三（一九六八）年九月八日まで、TBS系列にて毎週日曜夜七時～七時三〇分に全四九話が放送されました（TBSのウルトラシリーズとしては、第三弾は東映の『キャプテンウルトラ』。『ウルトラセブン』は第四弾）。

皆様もよくご存じなのであえて説明する必要はないと思いますが、『ウルトラセブン』は宇宙での侵略戦争が激化し、地球も脅威にさらされている近未来が舞台となっています。たんに悪い宇宙人や怪獣と、ヒーローや地球人が戦う、というような単純な話ではありません。

この作品の特徴は、従来の作品の世界観をさらに拡げ、ストーリー、映像、そのヒューマニズムが地球を超えて宇宙にまで到達しているところです。また、ウルトラセブンであるダン隊員と地球人であるアンヌ隊員は相思相愛なのですが、その想いが永遠の別離を超えて遥か大きな次元での実りへと昇華していく点がみごとです。

私がそのような偉大な作品の重要な要素である「音楽」にかかわれたことは、「喜び」というような言葉では表現し尽くせるものではありません。私の人生における「宝物」のようなものです。

今も熱心なファンの方たちが大勢います。皆さん、作品のみならず音楽についても私よりもよほどくわしく、「先生、『ウルトラセブン』第○話のあのシーンでかかっている音楽は、どのような意図で使用されたのですか？」などと聞かれることも、しばしばです。たいへんありがたいことですが、なにしろ一年を通して毎週毎週新しい話を作っていくスケジュールで、各話の工程も重なっていましたから、そのように尋ねられても私はほとんど覚えていないのです。

子ども向けという意識は持っていなかった

よく聞かれる質問に、「『ウルトラセブン』はすごくテーマや内容が深くて、子どもにはむずかしく雰囲気が大人っぽいですが、それは意図的だったのですか？」というものがあります。これについて覚えているのは、少なくとも私と私の周囲に、「『ウルトラセブン』

が子ども向けの作品である」と考えている人はいなかったということです。「子ども向け」の作品を作ろうという想いよりも、「いい加減なことをやってはいけない」という責任のほうが強かったです。テレビはさまざまな面で影響力の強い媒体ですから、本来子どもも大人も納得がいくようなものを作らないとなりません。自分たちが納得するレベルの完成度を、毎週つねに要求されているという意識が強かったと思います。自分が担当した音楽に関して言うと、頭から子どもを啓蒙しようというような教育的な意識はありませんでした。

このような意識の方向性については、誰かの明確な指示があったわけではありませんでしたが、そこには円谷英二さんの仕事の仕方、姿勢というものが非常に強く影響していたと思います。だからこそ、そこから出発できたのでしょう。

子どもの音感も良くしようと考えた

もはや有名な話になっていますが、円谷一監督は私に「子どもの耳が悪くならないように、音感、和声感が育つような音楽を作ってほしい」と希望されました。これもさきほどの「子ども向けとは考えていなかった」という話とつながります。当時巷で流れていた子ども向け番組の音楽のレベルにはしたくなかったのでしょう。円谷一監督は、はっきりこう言いました。「アメリカの歌手には、歌が下手な人など一人もいない。いっぽう日本のテレビやラジオ番組の主題歌は、歌手の音程が悪い。あんなものを毎日毎日聴かされたら、日本中の子どもの耳が悪くなる。だからいい音楽を作って、録音のときには音程のいい歌手を使おうよ。子どもの音楽的な耳を作っていくような意識で録音しようよ」と。円谷一監督自身が音楽好きで、ヴァイオリンもお弾きになる方でした。ヴァイオリンを演奏される方は、とくに音程には厳しくなるようです。

今となってみると、その効果は驚くべきものでした。子どもの頃に『ウルトラセブン』の音楽を聴いたことがきっかけとなって、演奏家になったり音楽業界で仕事をしたりするようになったという方が大勢いらっしゃることを、放送からかなり後になって知りました。もちろん嬉しいことですが、いっぽうそれほどまでに多くの子どもたちに影響を与えてしまったのかと思うと、おそろしくもなります。

すべてのセクションが未知へ挑戦

見たこともない宇宙・宇宙人・怪獣が出てくるのですから、『ウルトラセブン』にかかわるすべての人が未知のことをやっているわけです。その共通項によって、さまざまな分野のクリエイターと共感できることが喜びでした。宇宙人に会ったことがある人もいないし、もちろん宇宙に行ったことがある人もいない。すべて想像の世界です。想像の世界のなかで何を作っていくか、何をテーマにするか、どういう方向に進んでいくか、全部自分たちで考えるしかないのです。もちろん意見交換も頻繁に行いましたが、答はないので、音楽のことは最終的には自分で決心するしかありませんでした。

それがうまくいくとき、それほどうまくいかないとき、それは半々です。想像が何かを生んでくれるときもあれば、何も生み出さないときもあります。うまくいったときはスタッフ一同で嬉しい、うまくいかなかったときは皆で悔しい、そういうことが日々の仕事のなかに良い方向で作用していったのだろうと思います。もちろん、それは時代劇やホームドラマでも同じですが、何もかも未知という仕事はなかなかないですから、やりがいがあったのだと思います。私は音楽（作曲と音響効果）の仕事を担当しましたが、音楽以外の分野の方も同じだったと思います。皆で総合的に考えたり、実験的なこともやったりしながら、一緒に仕事ができたことは生涯忘れられない宝だと思っています。

睡眠を減らしてでも仕事をするというような、今では問題視されるような仕事の仕方ができた時代でした。現代との価値観の違いは仕方ありません。「いい働き方」ということの尺度が違ってきているのですから。

車の中で打診された『ウルトラセブン』の仕事

『ウルトラセブン』という大作ゆえ、「初めて『ウルトラセブン』の仕事の話を聞いたときにどう思いましたか？」ということもたびたび聞かれますが、特別な感想はありませんでした。というのも、私にとってはそれまでやってきた仕事も、全部初めての仕事ばかりだったからです。ジャンルが変わればすべて新たな挑戦です。最初は時代劇から入りましたが、そのあともホームドラマ、探偵ものなどと、担当する仕事すべてが初めての経験でした。さまざまなテーマをなんとか乗り越えてきましたから、「今度の番組の仕事は、宇宙人や怪獣が出てくるんだ」という話を聞いても、「あぁ、そう」というような調子で、また新しいことに挑戦するのだなと思ったぐらいでした。すでに『ウルトラQ』、『ウルトラマン』は放送されていましたけれども、一度も見たことはありませんでしたし、仕事でもまったくかかわっていませんでした。

『ウルトラセブン』という作品が始まることと、その音楽担当をやらないかという話を私にしてくださったのは、円谷一監督でした。監督とは、前述のとおりすでにTBSで何度か一緒に仕事をしていました。私の記憶では、おそらくTBSから世田谷の砧にあった東宝撮影所へ向かう車の中だったと思います。監督は車を使って移動していて、ときどき同乗させてもらっていたのです。そこで監督から、「『ウルトラマン』の次の番組をやるという話があるんだけど、やってみない？」というような、なんだか気楽な誘い方をされた覚えがあります。そういう頼み方が得意な人でしたし、すでに監督と私の間にはお互いに信頼感があったからこそのことだったと思います。「『ウルトラマン』とは、設定も登場人物もまったく違った新しいものになるんだ」と。私もそんな言葉に乗せられて、「ああ、気楽にやっていいんだな」と思って引き受けたのですが、始めてみると実はとてもじゃないが徹夜しないとできないような大変な仕事でした。

テレビで宇宙の拡がりを表現できるのは音楽だけ

この当時、『ウルトラマン』の後番組として『キャプテンウルトラ』（昭和四一〈一九六七〉年四月～九月）が放送されていました。音楽を担当していたのは、のちにシンセサイザーを用いた『月の光』『展覧会の絵』などの大ヒットアルバムを生むことになる、冨田勲さんでした。『キャプテンウルトラ』で冨田さんは、そのシンセサイザーの電子音を使って、すばらしいサウンドを作っていたのです。私はそのときは番組を見たことも彼の音楽を聴いたこともありませんでしたが、スタッフたちは「これに負けないものを作らなければ」と、対抗意識を強く持っていたようです。

円谷一監督からは最初の仕事の打診の言葉の続きとして、「テレビのこんな小さなフレームでは、宇宙の無限の拡がりは、絵として表現するのはむずかしい。そのフレームからもっと拡げて表現できるのは唯一音楽だけだ。そこをぜひともお願いしたい」ということも言われました。当時のブラウン管テレビの画面サイズは、今よりはるかに小さかったのです。私もそれを受けて、ではどうすればそれができるのか、日々一生懸命考えました。

円谷一監督はどうすれば良い音楽が生まれるかをよくわかっていたので、私に楽器などの制約を与えずに音楽の出来上がりのイメージのみを伝えてくれました。裁量を与えるというのは、作曲家の使い方としてはベストです。それがあったからこそ、私は良い仕事ができたのだと思います。

『ウルトラセブン』の仕事の大きな課題は、宇宙人や怪獣を音楽でどのように表現するか、です。一般的にもそうですが、私個人も、音楽は感情表現だと考えています。では、人間ではないものを音楽で表現するのには、どうすればいいのか。私が思ったのは、宇宙人や怪獣も感情を持っていて喜怒哀楽については人間と変わらないのではないか、ということです。これは円谷一監督の考えも同様でした。ウルトラセブン、それ以外の宇宙人、怪獣、みんなそれぞれ人間とは違うかもしれないけれども、ある種似たような感情を持っているのだということを徐々に意識し、自分で理解しながら音楽を作っていったような覚えがあります。

当時私が手掛ける作品は、全体的にクラシック音楽の要素を基軸としていました。『ウルトラセブン』も同様です。その理由は、当時クラシック音楽は、最も表現の幅が広く、最も可能性のある音楽だったからです。どういうことかと言いますと、ジャズやポピュラー音楽は、当時はまだ時代や風俗と結び付き過ぎていて、表現できることが限られていました。シンセサイザーは、まだ実用にはさまざまな課題があった。いっぽうクラシック音楽は、古典から現代音楽までの表現の拡がりがある、そんなふうに考えたのです。

作曲、選曲、効果の役割分担

基本的に、テレビドラマなどの音楽は、最初に多くの曲を作って「録りだめ」をしておきます。その後、撮影が終わって映像になった段階で、すでに録音してある曲のなかから選曲して、映像にあてはめていくのです。

当時、作曲家の役割は作るところまでで、選曲は別の担当者が行うのが一般的でした。いっぽう私の場合は、これは『ウルトラセブン』だけではなくその後のウルトラシリーズ全般も同様なのですが、選曲も全部自分でやるようにしていました。映像の大枠ができてきた編集作業の段階で、ここのシーンにはこの音楽、ここにはこれ、と自分で決めていくのです。私はラジオ東京で音響効果の仕事を六年やっていましたので、スタッフと一緒にときには酒も飲みながら、自然にそういう話に加わるような状態にありました（もちろん監督の意向も入りますので、そこは話し合いながら進めます)。

さらに私は『ウルトラセブン』以前から効果の仕事もやっていたので、「効果音」も担当しました。当時、「音楽監督」という概念は一般的ではありませんでしたが、私はそのような存在の必要性を主張していました。『ウルトラセブン』においては、私はまさにその役割を担っていたのだと思います。

作曲・少しでも材料を集めて活かす

これはウルトラシリーズに限りませんが、私は映像作品の音楽の作曲を行うとき、自身のスタンスとして作品の監督や関係するなるべく多くの人に会って話を聞くことを心掛けています。間接的ではなく、直接です。誰かを間にはさむと、間違いが起こる元になります。その間違いの要因となる自分の勘違いを生じさせてはいけません。作品とマッチしない、独りよがりの音楽を作らないように、情報は可能な限り自分の足でたくさん仕入れておくべきだと思っています。また、台本や脚本などの作曲のための材料も、ある限りのものを集めてしっかり読み込むようにしていました。このようにして、具体的な素材をできる限りたくさん集めて、作曲に臨んでいたのです。これだけやっても、実際に映像ができてみたらイメージがまったく違ったというようなこともありましたけれど。

『ウルトラセブン』の音楽は、三回録音しました。覚えているのは、第一回録音のために作曲している最中に最初の話（青山注：制作第一話「湖のひみつ」と思われる）の台本の第一稿が届けられたことです。それ以前に作曲を始めたときにあったのは、最初の二、三話分のアイデア、メモ、かんたんなイラスト、その程度のものだけで、作曲のための資料としては十分ではありませんでした。そこで私は各担当者に、「隊員の服は何色？」「兵器や乗り物はどんな感じ？」と具体的なことを聞いてまわりました。ときには、スケッチの断片などを見せてもらえ、色味程度のことを確認できたこともありました。ウルトラセブンはイラストだけがあったような記憶がありますが、そもそもまだ『ウルトラセブン』という名前も決まっていなかったと思います。作曲の基本となったのは、円谷一監督から渡された、便箋に書かれた音楽リストでした。ただ、そこに書いてあるのは、「不安A」「不安B」などといったシンプルなものだったのです。

つまりほとんどの場合、作曲するときに最も重要な「映像」はもとより「画像」すらなかったので、私は宇宙人や怪獣がどんな姿をしているのか、どんな鳴き声なのか、どんな行動を取るのか、そういったこともわからないまま作曲を始めなければなりませんでした。映像がないので、確認できたこと以外については作家やスタッフの頭のなかを探り、想像をふくらませました。「この怪獣は恐ろしい顔をしていそうだから、すごい声を出すのだろうな、だからオーケストラでそれを表現するにはこんなふうに聞こえるのが良いかもしれない」とか、「タコみたいに頭が大きい宇宙人（青山注：クール星人かチブル星人と思われる）が出てくる回があるようだから、そのイメージで曲を作ろう」というような感じです。ただ、そのぐらいの材料しかなくても、何もない状態で作曲するのとはまったく違います。少ない材料であっても、それぞれのシーンやキャラクターに合いそうなものを想像して書いていくと、その後別の場面でも応用がきくのです。

体系立てて順番にゆっくり考えて作るような時間はまったくありませんでしたから、「これはこう書こう」と決めたものから、どんどん書いていきました。

毎週三〇分番組を一本作って放送するわけですから、いろいろなことが間に合っていませんでした。だからと言って、音楽が遅れるわけにはいきません。とにかく円谷一監督から依頼があった彼の思い描く世界観を、締め切りに間に合わせて表現しないとお払い箱になりますから、情報を得るために強気でスタッフに交渉するようにしていました。

第一回録音では、二クール分の予算を使って大編成で録音できることが決まっていました。現在のお金の価値とは比較になりませんが、予算は五〇～六〇万円程度だったとおぼろげに記憶しているものの、これは定かではありません。当時『キャプテンウルトラ』だけではなく、海外の作品である『サンダーバード』も人気があり、この音楽も大きな編成によるすばらしいものでした。それならば、『ウルトラセブン』もスケールの大きな話ですから負けてはいられない。ヴァイオリンが三人のみというわけにはいきません。ですので、大編成ならではの『ウルトラセブン』という作品トータルの世界観を体現するような曲を積極的に作りました。結果として第一回録音の曲は、初回から最終回に至るまで全編の各シーンにわたって使用することとなりました。

これは余談ですが、制作の順番と放送の順番が入れ替わることもありました。放送第三話の「湖のひみつ」は、制作第一話として知られています。こちらとしては、最初の回だと思って作っていたものが実際はそうではなくなったのです。このようなことがあると、実際に制作している側としては思惑がはずれることもあって大変でした。

作曲の工程

一曲を作る工程も、かんたんなものではありません。とくに第一回録音は大編成となったので楽器の数も多くなり、つまりその分の「パート譜」を作る必要があるのです。楽器の種類だけでも一〇以上ありますし、楽器によっては同じ楽器で第一、第二、場合によってはそれ以上あるので、必要な譜面も相当な数になってきます。さらに当時は楽譜を鉛筆で書いていたので、そうなると寝る時間もありませんでした。

作曲の際は、ほとんどの場合、制作期間が短く限られていました。たまに確認のためにピアノを弾いてみることはありましたが、時間がもったいないので、ほとんどの場合は頭のなかで作曲しました。それまでに勉強して得てきた自分の知識や技術をフル稼動させながら、どんどん絞り出していくように作曲しないと間に合わないのです。

結果として、『ウルトラセブン』は、M番号（映画やテレビ番組で、M11、M12などと、楽曲を管理するために使う番号。エムナンバーとも言う）が七八にもなりました。その枝番号のある曲もありますし、M番号の付いていない曲もあります。トータルで一八五曲になりましたが、よくあの短期間でそれだけのものを作れたものです（青山注：以下、録音に関するデータは、巻末の「主要参考文献」に記載した各種CDのブックレットなどを参考にしています）。

場面によっては、各監督から楽器などの具体的な指示をもらうこともありましたが、基本的には私に任せてもらえることのほうが多かったように思います。

第二回、第三回録音に向けての作曲

第一回録音からしばらくして、追加の曲を録音することが決まり、そこでまた前回並みの予算をもらおうと頼んでみました。しかし、今度は使えるお金がかなり少なかったのです。最初のときに払い過ぎたと言われました。なにしろ特撮はお金がかかりますから、無理もありません。第二回録音の予算は第一回の半分以下だったように記憶していますが、こちらも定かではありません。さまざまなセクションでの予算の取り合いで、駆け引きも必要でした。仕方なく、第二回録音の編成は最終的に第一回よりかなり小規模なものとなりました。具体的には、第一回録音での管楽器は二管編成が基本だったところ、第二回録音では一管編成となりました。また弦楽器も、第一回録音のおよそ半分程度の人数となったと記憶しています。いっぽう小編成であるならばその音色を活かそうと思い、作品世界を反映した室内楽的な作品を多く作りました。また、ほかのさまざまな音楽ジャンルの要素を取り入れた作品も、若干ですが作りました。

第一回録音のときは、前述のとおりまだそれほど情報がないなかで作曲しましたが、第二回、第三回録音は放送が始まった後でしたから、ある程度「絵」が見えていました。また毎週のように円谷プロに通っていたので、各監督からも「今度はこういうストーリーになるのだけれど、それに合った曲がないからこんな感じの曲を作ってほしい」と頼まれることもありました（逆にスタッフからもう様子がわかっただろうと思われて、あまり話をしてもらえなくなった、ということもありました）。

たとえば第二回録音のために作曲した作品には、「Sonata」（M50）、「フルートとピアノのための協奏曲」（M51）（一一九ページ参照）などの、クラシック音楽の古典派的な曲がありますます。これらは実相寺昭雄監督作品のために作り、第八話「狙われた街」、第一二話「遊星より愛をこめて」（現在非公開）、第四五話「円盤が来た」などで使用しました。

　また第三回録音のための曲の多くは、飯島敏宏監督作品の第三九・四〇話「セブン暗殺計画（前篇《ママ》・後編）」で使用されています（M66ほか）。これらも、事前に飯島監督と綿密に打ち合わせを行い、具体的なシーンに当てるという方法で作曲することができました（一〇五ページ参照）。また、満田穧監督作品の最終回も同様です。ウルトラセブンが地球を去るであろうことは想像がつきましたから、そのための音楽（M75）も書きました。この曲は、最終回でしか使用していません。

　こうして、『ウルトラセブン』の全体的な世界観に沿った大編成の第一回録音に向けての曲、個別のシーンも意識した第二回、第三回録音に向けての曲を作りました。大編成と小編成の両方の曲が組み合わさって、より音楽の効果は上がったと思います。

　そのようにして作曲を進めるうちに、ウルトラシリーズはもしかするとそのあとも続くかもしれないと勝手に想像をふくらませました。そこで、シリーズや作品全体で音楽を共用できるような仕掛けができないかと思ったのです。ワーグナーの楽劇における、主題を決めてその絡み合いで音を作っていくライトモティーフの手法です。少なくとも『ウルトラセブン』と『帰ってきたウルトラマン』では、そのやり方を試みることができました。

作曲のルーツはクラシック音楽

これらの作曲の源泉となったのは、第一章で書いた満州・上海の原風景や、子どもの頃から聴いていたクラシック音楽の音や響きであることは間違いありません。それらは、自分にとってずっと内面的に親しみのあるものだったのです。「自分が始まった」幼少期の地点に、自然と帰っていったのかもしれません。実際、あの頃私の耳に刻印されたベートーヴェンもワーグナーも意識しました。それを持ちこみたい、一つ一つのシーンであやかりたい、という想いはたしかにありました。かと言って、この曲のここはベートーヴェンのあそこを入れてやろう、とかそういうことではないのです。自分のなかに入っているものを、トータルなかたちで出し尽くすという感じでしょうか。結果的に、『ウルトラセブン』の音楽にはそのようなものが反映され、盛り込まれることになったのだと思います。

本書を一緒に作っている青山通さんは、ご著書のなかで「子どもの頃にウルトラセブンを一年間見続けたことで、古典派以降、現代音楽までのクラシック音楽二〇〇年分の音をインプットしていただいた」と書いていますが、たしかに『ウルトラセブン』で作った音楽を俯瞰してみると、そのとおりなのかもしれません。意図的に網羅しようということはありませんでしたので、結果的にそうなったのだと思います。さらに言うと、私が大学時代に学んだグレゴリオ聖歌でさえ、作曲に役立ったと思っています。

第一回録音の編成と演奏者集め

作曲をしたあとは、今度はそれを音にしなくてはなりません。録音時の演奏者集めでは、寺元宏さんという方にお世話になりました。寺元さんは、国立音楽大学の同級生です。在学中は接点がありませんでしたが、卒業式で行われた「卒業演奏会」のときに、共通の知り合いから紹介してもらったのです。卒業してからは、寺元さんは東京交響楽団でヴァイオリンを弾くいっぽう、「ゼール音楽事務所」を設立。また東京交響楽団のメンバーのなかから弦楽カルテット、フルート二本、クラリネット、ファゴット、ホルン二本、打楽器という編成を組んで、「アンサンブル・ゼール」の活動も開始していました。

寺元さんとは、『ウルトラセブン』よりも前から録音に参加してもらって一緒に仕事をしていました。実相寺監督の『でっかく生きろ！』、ホームドラマの『ただいま十一人』、岸恵子さん主演の『レモンのような女』などです。おもに国際放映のスタジオで収録しましたが、寺元さんが連れてきてくれる演奏者は豪華なメンバーで名人揃いでした。皆さんで私の自宅に遊びに来ては、私の作曲が終わるのを麻雀をしながら待つ、というようなこともありました。毎週、録音で顔を合わせていたので、お互いすっかり気心も知れている関係でした。

私はよく彼や仲間たちと西荻窪の行きつけの飲み屋に行っていたのですが、『ウルトラセブン』の第一回録音の際は、寺元さんにそのお店でマネージャーの仕事を頼み、演奏者を集めてもらいました。録音メンバーとして、アンサンブル・ゼールはもちろん、ほかの東京交響楽団の団員や知人の演奏者がいるNHK交響楽団も含めてそのなかから腕のいい人を選んで連れてきてくれました。なかでも私の曲では重要な意味を持つホルン・セクションには、以前東京交響楽団でトップから四番までを受け持っていた四人の名手が揃いました。

結果、「飛行館スタジオ」にて満足のいく四〇人規模の編成で録音することができました。標準的なオーケストラの編成では、木管楽器はフルート、オーボエ、クラリネット、ファゴットの四種類なのですが、これにバスクラリネットやコントラファゴットも加わってもらうことができたのです。バスクラリネットやコントラファゴットは、クラシック音楽のオーケストラ作品でもロマン派の前半あたりまでは使われることのなかった低音楽器です。怪獣の重々しい感じを表現するのに効果的でしたので、非常に助かりました。ドラムスには、当時日本で最もうまかったと言われている、猪俣猛さんに参加してもらいました。当時のベストメンバーが集まったと言えるでしょう。

録音、指揮、予算

またこのときの録音は、TBSの技術部の鈴木さんが担当されました。当時の録音はマルチマイクではなくて、一個のマイクを演奏者たちが囲むような方法でしたし、録音もアナログのモノラルの時代でした。今からすると音質が良いとはお世辞にも言えません。しかしこの一線級のメンバーによる圧倒的な迫力の演奏を、うまくまとめ切っていただけました。さまざまな方の名人芸が集約されたのです。その後のシリーズでは、ここまでの演奏、録音で音を仕上げられたことはありませんでした。

いっぽう予算取りについても、寺元さんにお世話になりました。彼に、円谷一監督に交渉してもらったのです。『ウルトラセブン』は当初から複数クールの放送を前提に始まったと聞いていたので、「二クール分の予算を一度に使わせてほしい」と頼んでもらいました。すると最初は「無理だ」と言われたのですが、さらに「どうせ使うのだから早く使わせてほしい」と、私も粘って直接かけ合ったのです。それでようやく了承されて、二クール分の予算を確保できました。通常よりはるかに多い予算があったからこそ、この規模とレベルのオーケストラを編成することができたのです。

『ウルトラセブン』の第一回録音は、主題曲とその他の曲で日を分けて行いました。その録音の最中にも、まだすべての作曲が終わっていなかったので、録音しているスタジオの隣の部屋で作曲を続けていました。もともとぎりぎりな工程で進行していたうえに、円谷一監督から渡されたメニューリスト以外にも自分で追加の曲を作っていたのです。せっかく大きな編成のオーケストラで録音できる機会ですし、またそれまでの経験からあとで曲が足りなくなることもよくあることでしたから、先回りして作ることにしました。

指揮は、第一回録音のみ岡本仁さんが担当しましたが、第二、三回録音は私が振りました。

結局第一回録音では、M番号で言いますとM1からM30までを録音しました。全七二曲です。第二回の録音は、今は存在しませんが、KRCスタジオ（国際ラジオセンター）で、また第三回の録音は、アオイスタジオで行いました。第二回録音では、M番号で言うと、M31からM55までの六一曲を、第三回に残りのM56からM78までの五二曲を録音しました。合計で一八五曲となります。最後がM78ですが、偶然ウルトラの故郷であるM78星雲と同じ数になって、驚いています。

選曲の苦労、そして「ゼロ号試写」

さて、作曲、録音が終わった後の、私の次の仕事は選曲です。最初の選曲は、映像がすべてできる前の段階で行います。まだ絵が入っていないシーンについては、「ここはアップの顔が入る」とか「ここは逃げていく後ろ姿が映る」とか、言葉で説明を受けるのです。

そういう場面は想像するしかないので、うまくシーンに合って機能しそうな音楽を選曲していきました。そして映像がすべてできた段階で、それを見ながら最終的に音楽を当てはめていきます。その際は、私だけで考えるのではありません。関係したスタッフ全員が集まって、アイデア出しをするのです。そのときにいちばん困るのは、映像を見てこの場面ではこういう音楽を使いたいと思っても、それにぴったりくる音楽がない場合です。最終的な状態を見てから作曲するわけではないので、そのようなことも当然のように起きます。これには苦労させられました。

そんな場合は、まずはすでに録音したものから、なんとか合わせられるものを探します。また第二五話「零下140度の対決」に使用した、ポール星人および太陽エネルギーをイメージした曲「太陽の声（第二五話用女ハミング）」のように、別の番組の録音の際に一曲だけ割り込んで録音させてもらったこともありました（一二五ページ参照）。しかしそれでもどうしてもあてはまる曲を作ることができなかった場合は、本来は禁じ手なのですが、ドラマ『レモンのような女』『おかあさん』のために作った曲など、既存の曲を流用したこともありました。第三一話「悪魔の住む花」の選曲のいきさつについては覚えていませんが、私自身よほど苦労したのか、オープニングとエンディングにその『レモンのような女』『おかあさん』両方のドラマの曲を使用しています。

そしてその最たるものが、最終回のシューマンのピアノ協奏曲だったのです。本当はやってはいけないという認識はありましたが、仕方ありませんでした。私がよく使う言葉ですが、まさに「窮余の一策」です。

ちなみに、『レモンのような女』の話を少ししておきます。このテレビドラマは、『ウルトラセブン』が始まる数ヶ月前にＴＢＳで全六話が放送されたものです。パリから一時帰国された俳優の岸惠子さんをフィーチャーした作品で、『ウルトラセブン』と共通の方々が監督を担当されました。私はこの作品のための音楽として、「素敵な甘酸っぱい感じの憧れ」を表現したように記憶しています。『ウルトラセブン』では、この『レモンのような女』のために作曲した音楽を、何回か使用しています。おもに女性どうしや男女が楽しく集《つど》っているシーンです。監督さんの希望もあったのかもしれません。

さて、そのようにして音楽もすべて入った最終的な映像を、制作に携わったスタッフ全員で通して見ます。いわゆる「ゼロ号試写」という工程ですね。場所は、フィルムを現像したばかりの現像所です。この段階で全体がうまくいっているかを全員でチェックして確認し、いちおう納得するのです。これは達成感がある瞬間です。場合によっては、「うーん、ちょっと今一つだったな」というような感想も皆で共有できて、それもまた良いことです。どうしてもダメなカットがあった場合は、もう撮り直しはできませんけれど、できる範囲内で修正も行いました。

とにかく一週間に一本という短い間隔で、一年間ドラマを作っていくというのは、かなり大変なことでした。

作曲、録音、選曲、すべて終わってみて、感じたことがありました。それは、「愛」とか「勇気」といったあるテーマについて、どのシーンにも使えるような曲というものは存在しないということです。「トリスタンとイゾルデ」と「ロメオとジュリエット」の二つの悲劇では、異なる音楽の表現になるのは当然です。『ウルトラセブン』のテーマ曲を、『ウルトラマンA』に使うなど、ありえません。

各監督とのエピソード

『ウルトラセブン』の監督さんたちとは、本当に刺激し合っていい仕事をさせてもらいました。ウルトラシリーズの仕事をしていて思ったのは、監督さんはどの方も例外なく音楽に対して興味関心と自身の考えを持っていて、それがよく伝わってくることです。ゆっくり打ち合わせをする暇などなかったのですが、それでも音楽的な表現力をはっきりと持っているとわかりました。私も逆にそれでいろいろと勉強いたしました。そういう意味でもやはりすばらしい世界を体験させてもらったと思います。

このあと、私の印象に強く残っている各監督さんについてお話しいたします。

(一)円谷英二監督、円谷一監督

二人について、とくに円谷一監督については本書でも多く書いてきました。一言でまとめると、二人には「空想の世界」そのものを教えてもらいました。その世界観を体現するドラマ制作に音楽を通して参加できたことは、私にとって喜びに満ちた思い出です。

円谷一監督が亡くなられたときのエピソードをお話しします。監督がヴァイオリンを弾くことは前述しましたが、めったに人前では弾かなかったもののその腕前はみごとでした。監督の自宅で本人のヴァイオリンの演奏を聴いたことがあったのですが、その夜にお酒を飲みながら話していたところ、監督はヴァイオリンの曲ではシベリウスのヴァイオリン協奏曲がいちばん好きだとのことでした。これは私も好きな曲でした。私のペンネームの「冬木透」は、私の好きな季節の冬のイメージから作ったのですが、そういう好みが監督とちょうど合ったのでしょう。監督がなかでもいちばん好きな演奏は、ハイフェッツの録音とのことでした。私はお葬式のときにそれを思い出し、ちょうど目の前にあった監督のレコード棚にハイフェッツ盤があったので、これを棺に入れて差し上げました。

(二)満田稸監督

『ウルトラセブンが「音楽」を教えてくれた』(青山通・著)のなかで、「音楽から見たオススメ作品」として挙げられていた、第六話「ダーク・ゾーン」、第二五話「零下140度の対決」、第二九話「ひとりぼっちの地球人」、第四二話「ノンマルトの使者」、および第四八話、第四九話(最終回)「史上最大の侵略(前編・後編)」は、いずれも満田監督の作品です。やはり作品として優れたものは、音楽も印象深くなっているということが言えると思います。

満田監督の印象を一言で言うと、「スケールが大きい」ということです。それは、言葉どおりの意味だけではありません。「物語にいろいろな発想が込められている」というニュアンスもあります。それが満田監督の特徴なのです。その後のウルトラシリーズでは、満田監督の詞で歌をいくつか書きました。気に入っている曲がたくさんあります。満田監督のキャラクターどおり、詞もまたスケールが大きいと感じています。

最終回の最大のクライマックスのシーンにおいては、後でくわしく書きますが（一二七ページ参照）、はじめに満田監督から別の作曲家のピアノ協奏曲を使用したいというオファーがあったことから、最終的にシューマンのピアノ協奏曲につながっていきました。『ウルトラセブン』という作品全体にとって、非常に重大な出来事でした。

(三) 飯島敏宏監督

飯島監督作品では、やはり第三九・四〇話「セブン暗殺計画（前篇《ママ》・後編）」が印象に残っています。『ウルトラセブン』全編においてはかなりめずらしいことでしたが、前述のとおりこの作品については台本がすでにできていたので、監督と事前に十分な打ち合わせができました。内容についてさまざまな情報を知ったうえで作曲ができたという、めったにないケースです。そのため第三回録音では、この作品のために多くの曲を書きました。それまでの音楽とかなり異なり、第三九・四〇話にふさわしい前衛的で現代音楽っぽいトーンの曲になりました。この作品については、そのように進めないと対応できなくなるという予感が、私のなかにあったのかもしれません。

この作品は、前篇のラストで隊員たちが荒野のようなところを歩いて行き、最後にウルトラセブンが十字架に磔《はりつけ》になって処刑を待っているのを発見するシーンが印象的です。あのシーンで使ったM58「十字架上のセブン」は、記憶が定かではありませんが、夕日の映像に合わせて作ったのかもしれません。夕日というと、第八話の「狙われた街」や、のちの『帰ってきたウルトラマン』を思い起こしますが、私の何かを刺激する情景なのでしょう。

飯島監督の個性は、この作品や『ウルトラセブン』に限らずどの作品にもはっきりと出ています。それに呼応して、私の音楽の作り方、使い方も独特になったのだと思います。飯島監督は、音楽についての表現の余地をたくさん残しておいてくださるような、そういう作り方をされます。本人がどこまで意識されていたかは、わかりませんが。

(四) 鈴木俊継監督

第二回録音で、M49「死の悲しみ」という弦楽の五重奏曲を作りました。いわゆる弦楽四重奏にコントラバスを加えた編成です（録音時の編成ほか、一一七ページ参照）。この曲は『ウルトラセブン』全編のなかで全部で七回使われているそうですが、そのうちの五回が鈴木監督の回とのことです（青山注：第一三話「V3から来た男」、第二二話「人間牧場」、第二六話「超兵器R1号」、第三一話「悪魔の住む花」、第三七話「盗まれたウルトラ・アイ」。ほかの二回は、実相寺監督作品の第八話「狙われた街」、飯島監督作品の第三八話「勇気ある戦い」、と確認しています）。

具体的にどういう経緯でこの曲を五作品に使用したのかということについては、おぼろげな記憶しかありません。しかし、私はそれぞれの監督さんが設定する一つの台詞や場面から何かを感じ、そこに音楽を付け、それが作品となっていく仕事をしているわけです。

そのときに監督さんの意図と私の意図が、ピタッとはまるポイントが出てきます。そのはまる共通項が多いほど、音楽がうまく使われている結果となるのです。鈴木監督と私の間には、そのようなことがよくありました。それが起こるのは、全体の方針などの具体的な話をしているときではなく、まさに感性と感性がつながったときなのです。「死の悲しみ」は鈴木監督のお気に入りの曲だったのかもしれません。

(五) 実相寺昭雄監督

実相寺監督との出会いも、私のなかでは大きな出来事の一つです。実相寺監督は私の少し後にラジオ東京に入社して、一時期社員として一緒に働いていました。彼は演出部という部署に所属し、私と彼との初めての仕事は、三〇分ドラマの『おかあさん』でした。その後も一緒に多くの番組を作りましたが、問題作と言われて途中で中止になるような作品は、なぜか彼と一緒のものが多かったのです。のちには、映画も一緒に作りました。どの監督も音楽について深い知識と強いこだわりを持っていましたが、実相寺監督はとくに音楽についてくわしく一途でした。

彼は、リクエストに多くの言葉を用いない、という傾向がありました。具体的に「ここをこういう音楽で」という要求をしなかったのです。どこか暗示的・観念的・直観的な伝え方でした。「強い」「弱い」「嬉しい」「悲しい」、そういう言葉を使うのではなく、「第二次世界大戦でヨーロッパ中の不吉な足音が押し寄せてくるような音楽を」といったような感じです。打ち合わせでも、そのような特殊で個性的な話が多かったのです。

また、録音方法の提案も意表をつかれることがよくありました。音楽に関する打ち合わせが終わったあるとき、「この音楽はテスト練習をしないで、全部ぶっつけ本番で録音できませんか」と言うのです。私は、「え？　それはやろうと思えばできるけれど」と答えました。どういう意図か聞くと「演奏はあまり整わないほうがいい。整わないような音がほしいんだ」と。テスト練習という作業は、演奏のためだけではなくて、演奏しながら楽譜の間違いもチェックしていく大事な作業なのに、それをやらないと言うのです。「この人はすごい人だな」と思いました。また似たようなケースで、説明すら一切ないときもありました。聞こうと思うと、「じゃあ、それで行きましょう。よろしくお願いします」と言って、帰ってしまったりするのです。

いつもそんな感じなので、実相寺監督との音楽の打ち合わせは短時間で終わりました。ただ油断できないのが、打ち合わせの最後になって「リヒャルト・シュトラウスの四管編成のような響きがほしいので、それで」などと言うのです。そのような楽器を増やすということはさまざまな制約があってできないとわかっているのに、平気で言います。それでも対応を考えないとならない。四管編成を実現するのは無理でしたが、私は彼が重厚な響きをほしいのだと解釈して、その方向で書いて持っていきました。結果的に彼はそれを非常に気に入ってくれました。

また、そのような打ち合わせをする時間すらないときには、直接彼のロケ現場を見に行ったこともあります。現場を見ていると、「なるほど、彼はこういうことをやりたいのか」と、ヒントになることもありました。

私は、彼との仕事で非常に変わった体験をしたのだと思います。家へ帰ってからも、その意図について考えることは多かった。実は私は、何かを試されていたのかもしれないと。ただ少なくとも言えることは、そのようにして刺激を受けながら仕事をしてきたから、私も良い曲を生み出すことができ、結果的に作品も良いものになったのでしょう。

仕事以外では、お互いに気に入ったレコードがあると「今度、家で一緒に聴こうよ」などと話していましたが、実際は二人とも忙しくて実現はしませんでした。ただ彼は、私が雑誌で連載していたレコード評を読んでくれたり、仕事で海外へ行ったときにめずらしいレコードをお土産に買ってきてくれたりと、そんな私との関係をずっと続けてくれました。

おもな楽曲

(一)「ウルトラセブンの歌」(主題歌)

主題歌については、円谷一監督より「三曲作ってほしい」との依頼がありました。私は「いや、いい作品は一つしかできませんよ」と言うと、監督は「まあ、そんなこと言わないでよ」と。なんとなく言いくるめられました。

結局、三曲のなかからコンペで選ぶ、という方式が用いられたのです。一つの歌詞で二曲、海外展開も鑑み英語の歌詞で一曲、この三曲を当初A、B、Cと呼んでいました。

詞は、円谷一監督が「東　京一」の名前で書きました。監督の詞はいつも短いのですが、このとき渡された原稿はさらに短いものでした。「遥かな星が故郷だ」で始まって、四、五行ぐらいしかありません。ですので、「これでは足りませんから、これの倍ぐらいほしいんですけれど」と言ったのですが、「いま忙しくて時間がまったくないから、適当にやっていいよ」と言われました。それで仕方なく、「セブン、セブン、セブン」と繰り返しました。だからこの曲の歌詞は私との共作とも言えるのです。

そのようないきさつで、結局主題歌の候補はCを除いて二曲あったのです。私は、そのどちらが主題歌になってもいいと考えていました。私は参加していなかったのですが、最終的にTBSのスタッフたちによる会議で、どちらにするか決めたのだそうです。あとで監督から、「なかなかすぐには決められなかったんだよ」と言われたので、「それはそうだろう。どちらも良い曲なんだから当然だよ」と言い返しました。

結局、A案が採用されました。A案は、クラシカルな堂々とした曲になったという手応えがありました。余談ですが録音の冒頭には、楽譜にないタムタム（合金の素材による円盤状の打楽器）の音が二発入っています。これは私が現場で、最初に何かあったほうがいいと思って、指示して入れたものです。

(二)「ウルトラセブンの歌パートII」、「ULTRA SEVEN」

同じ歌詞で作った主題歌の二曲のうち採用されなかったB案は、A案よりもコミカルで楽しげなものを書きました。この曲は本編の数作品で使うことになりました。それが今の「ウルトラセブンの歌パートII」です。

そしてC案は、もともと海外向けで主題歌にするつもりはなく、それが「ULTRA SEVEN」となりました。全編英語の歌詞による曲です。やはりこの曲も円谷一監督から詞がもらえないので、仕方なく「one, two, three, four」の繰り返しで曲を始めました。「one, two, three, four」と何回も口で言いながらどうすればリズムに乗った曲になるのか考え、追加の歌詞も作ってメロディーを当てはめました。曲ができたとき、私はそれほど出来に満足してはいませんでしたので、劇中で使われなくても仕方ないと思っていました。しかし満田監督がとくに気に入り、彼の作品で何度も使用したところ、視聴者からも役者さんたちからも非常に格好良いと大評判になりました。この音楽に合わせて隊員が歩くと、格好良く見えるのです。この曲がのちに「ワンダバ」につながっていくのですが、それは第四章でお話しします。

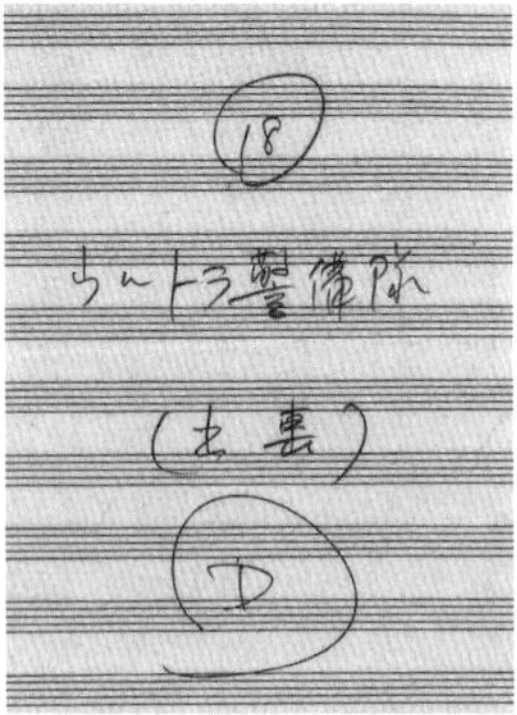

「ウルトラ警備隊の歌」の元となったM18Dの自筆譜

(三)「ウルトラ警備隊の歌」

以上の三曲と同様、『ウルトラセブン』を代表する曲となったのが「ウルトラ警備隊の歌」です。本章で述べた円谷一監督から最初に渡された音楽リストのなかには「警備隊の出撃」と書かれていた曲がありました。この言葉には、非常にインスピレーションをかきたてられ、今までどこにもなかったような格好良い曲を作ろうと思いました。そのようにして作ったM18Dという曲の出来映えが非常に良かったので、歌詞を付け調性や編成などを変えて別途録音。それが「ウルトラ警備隊の歌」となり、シリーズ全体のテーマ曲の一つとなったのです。その結果、ファンの方にも満足していただける曲となったように思います。この曲は、ゆったりとした幸せな雰囲気のヴァージョン、短調で重く暗いヴァージョンなど、さまざまなイメージの曲に展開し、『ウルトラセブン』全体を通して多く使用することとなりました。

(四) M11「宇宙の平和」

第六話「ダーク・ゾーン」で印象的に使った曲です。地球と衝突する軌道に入ってしまったペガッサ市（劇中に登場する、宇宙に浮かぶペガッサ星人の都市）と対峙するために、ウルトラホークが宇宙に向かいます。ペガッサ市を爆破することは決定したが、ペガッサ市民の安全な脱出と地球への誘導が任務、との連絡が本部よりウルトラホークに入ります。そして漆黒の宇宙にペガッサ市が全容を現します。その壮大なペガッサ市を音楽で表現するべく、この曲をここで使用しました。

前述のとおり、円谷一監督から最初に「唯一、宇宙の拡がりをテレビの小さなフレームで表現できるのは音楽だ」と言われたのですが、それについてさんざん悩みこれでいいのかなあと思いながらかたちにしたのがこの曲でした。当たり前ですが、「宇宙の拡がり」など私は見たことがありません。どんな楽器を使えばいいのかもわかりませんでしたが、なんとか書き上げました。

そうしてこの曲を先のペガッサ市のシーンで初めて使ったのですが、結果として『ウルトラセブン』全編をとおして映像と音楽の結び付きの成功事例の一つに数えられると感じています。

(五)M12「宇宙戦争A」

ホルストの「惑星」のなかに「火星〜戦争の神」という曲があるのですが、M12は、その「ダダダ・ダン・ダン・ダダダ・ダン」という五拍子を意識しました。また「火星」で使用されている、弦楽器の弦を弓の毛のほうではなく弓身(弓の背)で叩く「コル・レーニョ奏法」をこの曲でも取り入れました。このM11、12は、ホルストへのオマージュのような作品かもしれません。

(六)M14「怪獣(重々しい迫力)」、M15「怪獣」

この二曲は、ティンパニーを使った曲です。M15はティンパニーのソロ、M14はそれにオーケストラを加えたものです。怪獣の足音やパンチをイメージしました。たとえ一匹の怪獣であってもさまざまなシーンが想定されますので、使える用途を増やそうと考えて二種類作りました。今でしたら、オーケストラ付きのものを一曲作ったらそこからティンパニーのパートだけ抜けばすぐにもう一曲できます。しかし当時はそういうわけにはいきませんでしたので、二回に分けて録音しました。

それまでティンパニーは一台で一音しか出せませんでした。しかしこの頃はペダル付きの楽器が新しくできて、音程を自由に変更できるようになったのです。それを積極的に利用して、この曲を書きました。演奏者にとっては技術的に高度なものになりましたが、なんとかこなしてもらいました。

（七）M49「死の悲しみ」（および第二六話「超兵器R1号」）

本章一〇七ページの鈴木俊継監督の項で、『ウルトラセブン』全編での使われ方を書きました曲「死の悲しみ」についてです。この曲は、本来は弦楽四重奏にコントラバスを加えた編成で録音するつもりでした。しかし実際は、ビオラのパートをA管クラリネットで録音しました。その理由は単純で、ビオラ奏者を手配できなかったのです。そこで、いちばん弦楽器に近い音色が出せる管楽器がクラリネットだと思ったので、ビオラのパートに使用しました。クラリネットは、その代役を務められるすばらしい能力を持つ楽器です。

第二六話「超兵器R1号」は、非常に大きなテーマをわかりやすくうまく取り上げている作品だと思います。「超兵器R1号」では広島の原爆を暗示的に扱っています。私はしばらく広島に住んでいたことがあったので、当然原爆の問題は考えさせられることが多く、台本を読んだときから非常に関心を持ちました。『ウルトラセブン』全編のなかでも、私にとって特別な関係があるテーマだと思って仕事にのぞみました。この回で印象的なモティーフになっている曲が「死の悲しみ」です。ダンの有名な台詞、「血を吐きながら続ける悲しいマラソン」のシーンなど、何ヶ所かで使用しました。

この曲自体は、「死」に関連したシーンで使用する意図で、感情的な表現を用いて作曲しました。具体的な「死」を表現しようと思ったときに使っていたことはなんとなく覚えています。ただし、誰かが死んだときに悲しい曲を流すのは比較的かんたんです。しかしそれでは深みがなくなる恐れもあります。だから、「死の悲しみ」を使う場面については慎重に選びました。

私としては、あらかじめ作曲した曲を後から場面にあてはめていくわけですから、「超兵器R1号」の各シーンに「死の悲しみ」がどのぐらいマッチしていたかはそれほど自信があるわけではありません。ですので、見てくださった方からの好意的な言葉を聞くと、私が感じている以上にその意図を伝えることができたのだと幸せな気持ちになります。

（八）M51「フルートとピアノのための協奏曲」

実相寺監督とは、知り合った当初からさまざまな映画について話をしていました。あるとき、フランスの大映画監督ルネ・クレールの『夜ごとの美女』という映画の話題になりました。

『夜ごとの美女』は、私が高校生のときに観て感動した映画でした。ジョルジュ・ヴァン・パリスという作曲家が担当した音楽がすばらしかった。ある日の午前中に広島の街を歩いていたら、映画館の前に大きなポスターが立てかけてありました。『夜ごとの美女』というタイトルが目にとまりました。ポスターを眺めているうちに、なんだかおもしろそうで観たくなりました。それで映画館に入って実際に観てみると、すぐに魅了されてしまいました。私はすでに少し映画が始まっていたタイミングで劇場に入ったので、最初のシーンを観ることができませんでした。ですので冒頭から観たいと思って、映画が終わってもそのまま居座ったんです。二回目の上映で最初から通して観ることになったのですが、さらに感動しました。結局、その日の上映は全部で三回だったのですが、三回とも観てしまいました。映画館の外に出ると、あたりはほぼ暗くなっています。自宅に帰ると父親から、「遅くまで何やってるんだ」と説教を受けました。しかし、そんなことは何ともないぐらい感動していたのです。当時私は高校生でしたし、まだそれほど多くの映画を観た経験はありませんでしたが、それでもドラマの視覚的要素のなかでの音楽の使い方を非常におもしろく感じました。当時は、それがなぜそんなに効果的だったのかを、的確な言葉にして考えていたわけではありません。しかし、映画も音楽もずっと忘れられないような印象を私に残していました。

『夜ごとの美女』はそのような思い出がある私の非常に好きな映画でしたから、実相寺監督と雑談で話をしたことはとても印象に残っていました。

その後『ウルトラセブン』の仕事を始めてしばらくしてから、この映画がベースとなって私のなかの感覚のどこかが刺激され、計算ができない未知のイメージが浮かんできて、その表現的な冒険をしてみたいという想いに取りつかれたのです。それが、「フルートとピアノのための協奏曲」という曲として結実しました。

この曲は、まず第八話「狙われた街」で二度使用しました。この話は、楽しいカットがたくさんある大好きな作品です。実験的な音楽と絵のマッチング、ダンとアンヌのツーショットの設定、展開が速くておもしろいストーリー、良い出来だと思います。

最初にこの曲を使用したシーンは、ダンが無人のトラックに嫌がらせをされて運転席を覗き込むと、そこは無人でメトロン星人の声が聞こえてくる、という箇所です。このシーンを観たときに、私は自分が意識している日常の生活の時間の流れとは、まったく違う尺度で流れている非日常の時間がそばにもう一つあるという思いにとらわれたのです。別の言葉で言うと、「意外性」です。観ている方が、意外な感じを持つことを狙いました。場面の「謎」について視聴者が持つ「謎」の感覚をさらに掻き立てていく、ここではそういう意図をもって選曲しました。

もう一つ使用したシーンは、ダンとメトロン星人が卓袱台《ちゃぶだい》で相対している場面です。ここは『ウルトラセブン』全編のなかで有名になった箇所の一つです。ここも趣旨は前述の内容と同様です。

私としては、作曲したときの本来のイメージとはまったく異なる使い方になりました。しかし結果的にそれで良かった、ということも多々あるものです。

そして、第八話、第一二話からしばらく間があいて、久々に実相寺監督が二作品（第四三話「第四惑星の悪夢」、第四五話「円盤が来た」）を担当することになりました。いずれの作品の脚本も、上原正三さんと「川崎高」名義の実相寺監督のお二人の名前がクレジットされていますが、「円盤が来た」はほぼ実相寺監督が書かれたとのことでした。そして実相寺監督から、この作品の音楽についてのリクエストがありました。このお話では、星好きの青年フクシンくんが天体望遠鏡で宇宙を眺めていて夜ごと円盤がやってくるのを知り、ウルトラ警備隊に知らせるのだけれど、警備隊は相手にしてくれずに青年はオオカミ少年のような扱いを受けるのです。

このときも、やはり彼は「こういう音楽がほしい」というようなことは一言も言いませんでした。内容は記憶に残っていませんが、例によって謎のようなことを仰っていました。また、鉛筆でかんたんに描いた絵のカットも見せられました。ただ、私はその打ち合わせのなかで監督の謎のオファーを聞いた瞬間に、「そうだ、あれだ」とひらめきました。『夜ごとの美女』とつながったのです。夜ごとやってくるのは、美女ではなくて円盤なのです。その後、「円盤が来た」の映像ができてきて、音楽を乗せる段階となったのですが、それは「フルートとピアノのための協奏曲」とぴったり合うようなものではありませんでした。最終的に仕方なくこの曲を「円盤が来た」に使ったのですが、私としては不満が残る結果となりました。

この「フルートとピアノのための協奏曲」は、『夜ごとの美女』のテーマの最初の数小節をモティーフにして書きました。この件については、青山さんの著作の文庫化の際に新たに知った話があります。昭和の時代の書籍に誤記されたこともあり、多くの人が『夜ごとの美女』の作曲者はジョルジュ・オーリックだと思っていたのですが、これは実はジョルジュ・ヴァン・パリスの作曲でした。当初ルネ・クレール監督は、パリスに「モーツァルトの協奏曲を使ってほしい」と依頼したのだそうです。ところがパリスは、それでは新しさが出ないだろうと思って、みずから「モーツァルトふうに」作曲したいと監督に提案。そして実際にそうしたということが、パリスのお孫さんから提供された自筆譜と昭和四四

（一九六九）年に発行された彼の回想録によってわかったのだそうです。つまり、私はこのパリスが「モーツァルトふう」に作曲したモティーフを使って、その後も「モーツァルトふう」に作曲していた、というわけです。

（九）M74「ノンマルト」

「ノンマルト」は、第四二話「ノンマルトの使者」の劇中で多く使用し、この回のイメージを形成した曲です。この回はストーリー自体が、「実は人間は地球の侵略者なのか？」という大きなテーマを描いたものです。ですのでこの曲も、非常に暗示的なものにならざるを得ませんでした。『ウルトラセブン』にはそのようなテーマが多かったのですが、そのなかでも重要なものの一つです。

この曲には、オカリナという楽器を使いました。オカリナは笛の一種と呼んでいいと思います。そもそも笛は、二〇〇〇年以上前から人類が使っていた楽器です。そのような背景も、この作品のテーマに結び付けて発想したのです。また、私のとある大先輩がオカリナを使ってドラマにおもしろい効果を与えていたことがあり、それも参考にしました。

しかしこの「ノンマルトの使者」の回にオカリナを使用したのには、もっと重要な理由があります。オカリナは楽器を作るときのメカニズムにより、なかなか正確な音程が出せないのです。音程が定まらないので、オーケストラのような合奏のなかでは使えません。いっぽう、そこがかえって特別な効果をもたらすので、さまざまな機会で使われているのです。このノンマルトの話にも、その「不安定さ」がぴったりではないかと考えました。デメリットにもなる楽器の特性が、この回の場合は内容を効果的に印象付けると思ったのです。それに加えて、この楽器のミステリアスな音色も効果を与えました。

(一〇)「太陽の声」(第二五話用女ハミング)

第二五話「零下140度の対決」では、地球防衛軍基地周辺が異常な寒波に見舞われます。ポール星人が、地球にふたたび氷河期をもたらそうとするのです。ウルトラセブンも寒さに弱いことが露呈。ダンが雪にまみれ行き倒れになりそうなとき、オレンジ色の炎をバックに胴体のない黒い操り人形のようなポール星人が登場します。

このシーンのポール星人を象徴する音楽は、明らかに特異な表現が必要で、録音済みの曲のなかにふさわしいものはありませんでした。満田監督と私はこのシーンに適切な音楽についていろいろと話し合い、新たに曲を作って録音することに決めました。私たちは音楽の打ち合わせをしているときに、ぴたっと思いが一致することが多くあったのです。すでに録音は終えていましたので、ほかの番組の録音の際に一曲だけ割り込んで録らせてもらいました。M番号が付いていないのには、そのようないきさつがあります。

青山さんからはこの曲について、「初回放送時の小学生のときに聴いて、強烈なインパクトがありました。単旋律、声楽のみ、ゆったりとした順次進行、という特徴からはグレゴリオ聖歌がイメージされるし、いっぽうストラヴィンスキー作曲『春の祭典』の、生贄となった若い娘の命を奪う儀式のような原初的な生々しい雰囲気も彷彿させます」という感想をもらいました。当時私が何に着想を得たのかは不明ですが、そのようにさまざまな解釈をしてくださることは嬉しいことです。

三ヶ所で使用したクラシック音楽

(一)シューマン作曲「流浪の民」(第二八話「700キロを突っ走れ!」)

「流浪の民」の原曲は混声四部の合唱曲ですが、番組では、隊員たちが焚き火を囲んでいるなかでソガ隊員が奏でるマンドリンの単旋律で現れます。この曲は私が選曲したのではなく、演出などにもかかわっていません。おそらく監督か台本作家の指定だったのだと思います。

(二)ヨハン・シュトラウス作曲「皇帝円舞曲」(第四七話「あなたはだぁれ?」)

作品のラストのほうで、フック星人との戦いが終わったあと、夜明けの空をウルトラホークが凱旋する爽快なシーンにこの曲のクライマックスを使用しました。

この第四七話は、安藤達己《たつみ》監督が初めて手掛ける『ウルトラセブン』の作品でした。監督は当初、同じヨハン・シュトラウスの「美しく青きドナウ」を使いたいと言っていました。ただあの場面は、「美しく青きドナウ」だと少したゆたう感じがしてしまいます。もっとシーンにフィットした爽快感を出すためには、「皇帝円舞曲」のあの部分のほうがいいと考えて、逆に提案しました。監督も「それのほうがいいですね」と同意してくれて、これに決まりました。

(三)シューマン作曲「ピアノ協奏曲」(第四九話「史上最大の侵略・後編」)最終回はとてつもない仕事になるとわかる

私が最終回にシューマン作曲「ピアノ協奏曲」を使用したいきさつについては、『ウルトラセブンが「音楽」を教えてくれた』にくわしく書かれていますが、ここでも現時点の言葉であらためてお話しいたします。

『ウルトラセブン』の最終回の台本を見たとき、これはめったなことでは体験できないような、とてつもないことに参加するのだと思いました。それまで四八話を積み重ねてきたからこその、最終回。もちろんファンの方も、一年間見続けてきた最後の最後のシーンになるわけです。その一年間のすべてを胸にこの最終回を、なかでもあの告白のシーンを見てくださることになるのだと、理解できました。選曲するにあたっての意気込みは、高まりました。この長いドラマは、ただでは終われないぞと思いました。非常に重要な表現を要求されたのです。

「僕は……僕はね、人間じゃないんだよ。M78星雲から来たウルトラセブンなんだ!」

インターナショナル新書

International Shinsho

集英社インターナショナル

最終回、ダンのアンヌへの告白のシーンには、『ウルトラセブン』のすべてが凝縮されています。ハッピーエンドなら大団円を迎えるわけですが、その逆ですね。宇宙人としてのダン、隊員としてのダン、アンヌが憧れていたダン、彼の存在が重層的にドラマを作っているわけですが、それが一瞬のうちに崩壊し、それまでとはまったく違った意味を持つのです。

あの場面は、アンヌにしてみれば、ダンの台詞にショックを受けるのです。台本を見たときに、そのダンの台詞を受け止める音楽がほしいと思いました。さてどの曲を使うのが良いのか、どういう種類の音楽なら良いのか。しかし考えても考えても、そのショックを受け止める音楽は、私がそれまでに作曲・録音してきた音楽にはなかったのです。そんなシーンが出てくるとは、作曲していた段階ではわかりませんでした。

なぜシューマンのピアノ協奏曲を使用したのか

すると、新たに書かないといけない。しかし、時間がない。仮にそこから書く時間があったとしても、ふさわしいものができるかどうかもわからない。うまくいくかもしれないし、いかないかもしれない。どうするか考えました。それで思い付いたのが、私よりももっと才能豊かな作曲家の作品のなかに、あのシーンにふさわしい曲があるかもしれない、そこに頼るしかない、つまり、私ではない作曲家の既存の曲を使うしかないと思ったのです。

もちろん音楽にくわしく、こだわりのある満田監督からも提案がありました。あのシーンの音楽に、「グリーグのピアノ協奏曲」を考えていたそうなのですが、間違えて私に「ラフマニノフのピアノ協奏曲（第二番）」と頼んできたのです。その間違いについては当時は知らずに、ずいぶんあとになってから知りました。

しかしラフマニノフは、どう考えてもあのシーンには合わないと思いました。そして、考えました。あのシーンのどこからどんなふうに音楽を入れるのか。ダンの台詞にアンヌが衝撃を受けるところの最初の音、そこには強烈なアタックがほしい。そして続くそのあとの展開……そう考えたときに、もしかしたらここは「シューマンのピアノ協奏曲」がぴったりくるのではないか。それほど時間を要しない段階で、思い至りました。最初にオーケストラのE音が鋭くジャンと鳴る。ここの音の出に必要な「強さ」を満たす。そしてそのあとの雪崩のようなカデンツァ（独奏者が技巧を披露するソロ演奏の箇所。即興の場合と作曲者の譜面がある場合と両方がある）。これだと思いました。いつも、「よくあのときシューマンをひらめきましたね」と言われるのですが、ひらめいたのではなく考えたのです。

それであらためて聴いてみました。そして、「これはいけるぞ」と思いました。今考えてみても、結果的にこれでよかったと思っています。もちろん、ここにフィットする音楽は、ラフマニノフではありません。グリーグもいい線までいっていますが、やはり違います。グリーグは、最初にティンパニーがクレッシェンド（だんだん強く）で立ち上がっていくところが、シーンに合っていないのです。

さてあそこでシューマンを冒頭から使い始めたら、その後どうするのか？　本当は、そのまま最後までシューマンを使いたかった。あの音楽が鳴り始めたということは、「ダンは地球人ではないことをアンヌが知った」という意味です。そこで世界が変わるのです。まっさかさまになるのです。でも実際には、そのままシューマンを使い続けると合わないシーンも出てきます。できるだけ長く使い続けたかったのですが、最終的にかたちになっているものが、精一杯のところでした。

私は選曲の際に、「シューマンのピアノ協奏曲」と私のオリジナルの音楽の構成も、可能な限り細かいところまで自分で行いました。映像も曲もできあがっているので限界はありましたが、何回かやり直しながら最善を探っていったと記憶しています。私のオリジナル曲の「さらばセブン」もシューマンのなかに入っていけるといいなあと思いました。だから、「シューマンとオリジナルの音楽が一体化している」という感想を聞くと嬉しいです。本音を言えば、ここまでの感動的なシーンはなかなかないですから、もちろんすべて自分の書いた曲で構成したかった。残念ではありますが、結果としてこれで良かったとも思っています。

なぜカラヤン&リパッティ盤を選んだのか

さてクラシック音楽というものは、一つの曲に対して多くの演奏があり、それぞれが違う表情を見せるものです。当時、私が聴いたことのある「シューマンのピアノ協奏曲」の盤は、おそらく六、七枚くらいだったでしょうか。なぜそのなかから、ヘルベルト・フォン・カラヤン指揮、ディヌ・リパッティのピアノ、フィルハーモニア管弦楽団の演奏（一九四八年録音）を選んだのか、ということをお話しします。

　同じリパッティがピアノを弾く、エルネスト・アンセルメ指揮、スイス・ロマンド管弦楽団の演奏（一九五〇年録音）も当時聴いていて、これも悪くはないと思いました。ただ、私が実際に使用したカラヤン&リパッティ盤に匹敵すると考える演奏は、ウィレム・ヴァン・オッテルロー指揮、クララ・ハスキルのピアノ、ハーグ・フィルハーモニー管弦楽団の演奏（一九五一年録音）です。ハスキルは学生時代から好きなピアニストでしたし、この演奏もとてもすばらしい。

　ハスキルはルーマニア出身、モーツァルトでも、ベートーヴェンでも、誰を弾いても作曲家の精神を聴かせてくれます。カラヤン&リパッティ盤とオッテルロー&ハスキル盤を比べたとき、テンポ、弾き方、音楽の緊張感、どの観点からもどちらを選ぶかは非常にむずかしい選択でした。ただあのときカラヤン&リパッティ盤を選んだ理由は、オッテルロー&ハスキル盤のハスキルのピアノは非常に格調があり、とくに冒頭の下行音型が堂々として充実し、そこがカラヤン&リパッティ盤と比べてあのシーンにフィットしないかもしれないと感じたからです。そもそもオッテルロー&ハスキル盤に限らず、ハスキルというピアニストの演奏は、本人は病弱であったのにもかかわらず悲劇性がありません。明るいというところまではいかないけれども、その人格的なものが表に出てきます。そこが彼女の天才的で良いところなのですが、この最終回のシーンにはマッチしませんでした。

カラヤン&リパッティ盤は、かなり若い頃に入手したコレクションの一枚です。この録音におけるリパッティのピアノは、『ウルトラセブンが「音楽」を教えてくれた』のなかで「切迫感」と表現されていましたが、私はいつも「切実感」と言っています。ピアノの音から出てくる「悲しさ」があります。あのダンの台詞を、最初のイ短調の属音(その調における主音の完全五度上の音)で完全に受け止めている。それだけではなくて、いろいろな意味での「悲しみ」とか「辛さ」を、全部表現してくれているような気がしました。それで「これだ」と思ったのです。よくあのような奇跡的な演奏が、戦後の混乱した時期にできたものです。

あの演奏時のリパッティはすでに悪性リンパ腫が進行していて、その二年後に亡くなる時期だったということも知識としては知っていました。今思えば、それでも聴衆のために演奏会や録音を続けていたというところは、ウルトラセブンに重なるところがあるように思います。

どうしてあんな演奏ができたのか、さまざまなことを考えたくなります。カラヤンとの人間関係がうまくいっていなかったという話もあります。すると、勝手な想像ですが、当時速いスピードを好んでいたカラヤンが、リパッティの好むテンポ感より速く演奏し、待っていてくれなかったからああいうスピード感になったという考え方もできます。実際リパッティは、自身が満足したというアンセルメとの共演盤では、第一主題などをもっと遅めのテンポで弾き込んでいます。

リパッティの手紙には、彼がこのカラヤン盤を気に入っていなかった、という記述が残されています。私はそれもわからなくはありません。しかしわれわれ聴く側は、そのようなことは関係ないのです。聴く側が、どのように感じようと自由です。

カラヤン&リパッティ盤とオッテルロー&ハスキル盤、この二つのどちらが好きかと問われたら、私はどちらも好きだと答えます。しかしあの最終回のシーンには、カラヤン&リパッティ盤しかありませんでした。リパッティが、ウルトラセブンとアンヌ、隊員たち、観てくださるファンの気持ちを代表して受け止めて表現してくれていると思いました。

とにもかくにも、私があの世に行ったら最初にシューマンとリパッティにごあいさつに行かないとなりません。もちろん、カラヤンやフィルハーモニア管弦楽団も同様です。

第四章　ＴＢＳ退社から現在まで

ＴＢＳ退社の背景

さて若干話が前後しますが、私は昭和三六（一九六一）年にＴＢＳ（昭和三五〈一九六〇〉年にラジオ東京から改名）を退社しました。ＴＢＳでは社員として音響効果の仕事から始めたのですが、幸いにも作曲の仕事をする機会に多く恵まれました。ですが、ＴＢＳで作曲の仕事をしていくうちに、それだけでは外の世界がわからないし、外から自分がやっている仕事を客観的に見てみたいという気持ちも生まれてきたのです。また音響効果の仕事と作曲の仕事の両立は、時間的に無理が生じてきたということもありました。狭い世界だけで忙しく仕事をしていることだけでは物足りなくて、もう少し広い世界で仕事をしたいという気持ちから退社することにしたのです（私は実は、ＴＢＳ以外の仕事も多少していたのですが、独立後に知ったところ私はＴＢＳ専属の作曲家だと思われていたらしく、社外の方は私に仕事を頼みにくかったのでしょう。結果として、ＴＢＳの仕事がほとんどになっていました）。

当時はテレビ局を辞めて独立し、意欲的に個性的な仕事をする人が増えていました。今でも続いているおもな制作会社には、その頃に独立した人によって設立された会社が比較的多いと思います。私と同様、広い世界に出たかったのだと思います。私は会社は作りませんでしたが、同じような志で独立したという意味ではそのうちの一人でした。

作曲家と桐朋学園教員との二足の草鞋《わらじ》生活

ＴＢＳ退社後は、引き続きＴＢＳのテレビ番組に使用する楽曲の作曲をはじめ、フリーランスの立場でさまざまな仕事を行いました。

そんななか昭和三八（一九六三）年、桐朋学園で教えていた作曲家の友人から「ちょっとフランスへ行ってきたいので、二年ばかり僕の代わりをやってくれないか？」と言われました。フランス留学はうらやましいと思いましたが、私にしてみればまったく新たな分野の道が急に目の前に開けたのです。しかも正式に就職しての仕事です。恩師にも相談したのですが、「おまえ、教えるのが絶対に嫌だと思ったことがないのなら、やったほうがいい」と言われて、そういうものかと思いました。そこで友人には「いいよいいよ、勉強していらっしゃい」と言って、私は桐朋学園大学音楽学部と高校で教えることになりました

（大学は作曲理論科）。結局私は、昭和三九（一九六四）年から平成九（一九九七）年まで三三年間、同校に在籍、勤務することになりました。

桐朋学園に勤務してからも、引き続きテレビ、映画、アニメなどの作曲も続け、またクラシック音楽の作品も作っていました。当時の生活をおおまかにいうと、昼間は学校での仕事、夜はテレビの仕事という毎日です。ただ学校の授業は毎日あるわけではなく、おおむね一週間に二日か三日でした。ですから学校以外の仕事の予定を立てるときは、年度の初めに決まる、桐朋学園の授業のある曜日を避けてもらうということが可能でした。いっぽう三月、四月に一年分すべての授業の日程が決まるのではなく、年の途中からも入ってきますし当初の予定以外の臨時の仕事も入ってきます。おかげで、講義時間に睡眠不足で眠いまま授業をしていた時期もありました。当時の桐朋学園大学音楽学部の教務部長だった作曲家のIさんは、大学にいないときはNHKにいるのではないかというぐらい外の仕事をしていましたので、大学の理解はあったのだと思います。

作曲は、大きく分ければ夜中に行っていました。それが私には合っていたのでしょう。ゆっくりと誰にも邪魔されない自分の時間が取れました。

娘の岡本舞を抱える冬木透(左)と、冬木の父

クラシック音楽系の、いわゆる商業ベースではない作曲については、とくにそのために充てられる時間があったわけではないので、自分でどこかから時間を都合しなければなりません。その時間のかかり方や作り方は、テレビや映画といった商業的なものと似たようなものでそこに差異はありません。クラシック音楽の作品は依頼されることもありましたし、自発的に作ることもありました。ただし忙しいので、やはり最終的には自発的に書き始めたものが、わりを食うことになりました。

学校での講義がない日の昼間は、テレビ関係者との打ち合わせに出掛けていったり、たまにドラマのロケーション現場に立ち会うこともありました。そんな仕事のペースが、桐朋学園に勤めていた三三年間、ずっと続いていきました。

高校ではクラス担任も

桐朋学園の音楽部門では、大学でも高校でも教えていました。カリキュラムは高校の三年間から大学の四年間までつながっていて、七年間のなかで考えられています。講義はもちろん一年で終わるものも多かったのですが、たとえば専攻の楽器のカリキュラムですと、高校の三年間に加えて大学に入ってもう一年、合計四年間というものもありました。それはその講義の内容によります。

私は作曲の実技の学生も何人か持ちつつ、それ以外にも楽典、音楽史などの一般的な講義も受け持っていました。はじめから結論があってそれを教えるというスタイルの講義があるいっぽう、学生たちと議論しながら考えていくような授業もありました。

高校では、クラス担任も持っていました。遠足、遊園地、修学旅行などにも一緒に行きました。まさに普通にイメージされるクラス担任と同じ仕事です。たとえば夜中の一時頃、

郵便はがき

料金受取人払郵便

1 0 1-8 0 5 1

神田局承認

6817

0 5 0

差出有効期間
2023年4月
5日まで
（切手不要）

神田郵便局郵便
私書箱4号
集英社
愛読者カード係行

『集英社インターナショナル』
新書編集部用

お住まいの 都道府県	年齢　　歳 □男　□女
ご職業 1.学生［中学・高校・大学(院)］ 2.会社員 3.フリーター 4.公務員 5.教師 6.自営業 7.自由業 8.主婦 9.無職 10.その他（　　　　）	

●お買い上げ書店名

インターナショナル新書 愛読者カード

インターナショナル新書をご購読いただきありがとうございます。

今後の出版企画の参考資料にさせていただきますので、下記にご記入ください。それ以外の目的で利用することはありません。

◆お買い求めの新書のタイトルをお書きください。

タイトル（　　　　　　　　　　　　　　　　）

◆この新書を何でお知りになりましたか？

①新聞広告（　　　　新聞）　②雑誌広告（雑誌名　　　　　）　③書店で見て
④人（　　　　）にすすめられて　⑤書評を見て（媒体名　　　　　）
⑥挟み込みチラシを見て　⑦集英社インターナショナルのホームページで
⑧ＳＮＳで　⑨その他（　　　　　　　　　　）

◆この新書の購入動機をお教えください。

①著者のファンだから　②書名に惹かれたから　③内容が面白そうだから
④まえがき（あとがき）を読んで面白そうだから　⑤帯の文に惹かれたから
⑥人にすすめられたから　⑦学習や仕事で必要だから
⑧その他（　　　　　　　　　　　　）

◆この新書を読んだご感想をお書きください。

＊ご感想を広告等に掲載してもよろしいでしょうか？
①掲載してもよい　②掲載しては困る

◆今後、お読みになりたい著者・テーマは？

◆最近、お読みになられて面白かった新書をお教えください。

リーンと電話がかかってくるのです。

「もしもし」

「先生、○○ですけれど」

「ああ、どうした？　こんな時間に」

「困ったことになりました」

「どうした？」

「交通事故を起こしました」

「なに！」

すると、すっ飛んで行かなければなりません。まるで保護者のようでした。

今でこそ音楽大学の生徒も男性の比率が上がっていますけれど、当時はまだ女性が中心です。ピアノ科など、たとえば二〇人中男性は一人いるかいないかぐらいでした。生徒さんの特徴の一つは、良家の子女であるということです。また普通の高校と違って高校生でも地方の出身の方がいて、近くに親御さんのお宅がない生徒さんもいました。高校生で一人暮らしをしているので、ますます父親代わりのような役割でした。

勤務の最後の何年かは、もう高校の担任は勘弁してもらいました。年を取ると、だんだんしんどくなってきます。相手はずっと変わらず同じ高校生ですけれど、こちらはどんどん年を取っていくわけですから。年齢差が拡がると、徐々に生徒さんを肌感覚で理解することができなくなっていきました。

『帰ってきたウルトラマン』

『ウルトラセブン』の放送中から、円谷プロの次の作品は当時のブームを背景に怪奇もの（『怪奇大作戦』、昭和四三〈一九六八〉年九月～四四〈一九六九〉年三月）になることが決まっていました。しかしその後もウルトラシリーズの続編を望む声は、多くありました。そして昭和四三（一九六八）年九月の『ウルトラセブン』放送終了後二年半を経て、昭和四六（一九七二）年四月より満を持して『帰ってきたウルトラマン』の放送が始まりました。

主題歌と挿入歌は、すぎやまこういちさんが作曲、私はそれ以外の背景音楽すべてを担当しました。

『ウルトラセブン』は主題歌も私の作曲でしたので、そのメロディーや楽句をワーグナーによって一般化されたライトモティーフ的に使用し、さまざまなかたちで展開することができました。しかし『帰ってきたウルトラマン』では、その手法を使うことができませんでした。私自身は、ほかの作曲家の音楽のモティーフを展開していくことに抵抗はなかったのですが、なにしろ私が作曲する時点で主題歌を知らされていなかったのです。ですので多少やりにくい部分もあったのですが、私は自作の「MATのテーマ（ワンダバ）」、「(帰ってきた）ウルトラマンのテーマ」と呼ばれる二曲を主題曲的な扱いにして、そこからライトモティーフ的な展開を駆使して対応しました。

予算が少なかったので、『ウルトラセブン』のとき以上に既存の『おかあさん』などの曲も流用せざるを得ず、さらに『ウルトラセブン』の楽曲も使用しました。引き続き選曲も私が行いましたので、『ウルトラセブン』の世界観が『帰ってきたウルトラマン』を侵食しないような配慮は、十全に行いました。

音楽の雰囲気は『ウルトラセブン』とはかなり違います。それは最初から意識的に変えました。『ウルトラセブン』は、近未来、宇宙、異次元空間などを世界観としています。いっぽう『帰ってきたウルトラマン』は、日本人のリアルな現代、日常生活、なかでも子どもたちの世界を打ち出していました。音楽もそれを表現していかないとなりません。子どもたちに納得してもらうことが必要という観点から、そういうトーンを強く出したつもりです。

『帰ってきたウルトラマン』の録音は二回にわたって行いました。第一回録音は放送開始前、第二回録音は放送中に行うというのは、『ウルトラセブン』のときと同様です。やはり第一回録音では、まだ実際の映像を見ない段階で、一部の筋書きを見て作曲を行いました。

『ウルトラセブン』第一回録音のときは、二クール分の予算を合わせることでそこそこの編成による録音ができましたので、ある程度は満足いくものができたと思っています。いっぽう『帰ってきたウルトラマン』のときは当初からあまり費用をかけられず、当然楽器編成にも制約が出てきました。『ウルトラセブン』の第一回録音のときより弦楽器も管楽器も人数が少なく、怪獣の重厚感を表現するのに貢献してくれたバスクラリネットやコントラファゴットも加えることができなかったように記憶しています。いっぽうむしろ予算の制約を逆手にとり、作品の基調として小編成を効果的に反映し、それが結果として作品全般の個性になっているとも言えるのだと思います。

「怪獣使いと少年」

第三三話「怪獣使いと少年」は、『帰ってきたウルトラマン』のなかでいちばん好きな作品です。強い主張があり、最大の問題作と言っても過言ではない傑作だと思います。扱っているテーマの深さ、強さ、レベルの高さ、どのような観点から見ても秀逸です。

本作の主要な登場人物である小学生ぐらいの少年が、宇宙人、怪獣との結び付きによって、中学生や大人やさまざまな人からの迫害を受け続けます。一人の役者が演技がうまいとか、そのような次元ではありません。三〇分足らずのいわゆる子ども向け番組を超越しています。音楽も、後悔するところはありますが、必要なことは表現し尽くすことができました。

この作品において、『ウルトラセブン』で作った「ノンマルト」の楽曲を使ったのには、二つ理由があります。一つはオカリナのあのフレーズの音楽がマッチしていたこと、もう一つは予算が少なくて適切な曲を新たに作ることができなかったことです。

「作品の前半で、『ノンマルト』のテーマと『帰ってきたウルトラマン』のために作られたフルート・ソロの曲が交互に繰り返して流れるのが印象的」という声もいただきます。二つの曲をなぜ交互に繰り返し流したのかというと、フルートは洗練された楽器で完成度が高い音が出せるいっぽう、オカリナは前に話したように不安定な楽器なので、表現においてその違いを利用したかったからです。

『帰ってきたウルトラマン』の印象深い楽曲
(一)「MATのテーマ(ワンダバ)」

この曲をどのように発想したのかは、比較的シンプルです。『ウルトラセブン』には「ウルトラセブンの歌C」、つまり「one, two, three, four」で始まる「ULTRA SEVEN」という曲がありました。これがクールでスタイリッシュなどと言われて評判が良かったのです。また『ウルトラセブン』の俳優さんたちからも、「この曲が流れると思って演技をしているんですよ」と言われて、非常に嬉しく思っていました。そこへ、『帰ってきたウルトラマン』でも「ワン」から始まる似た雰囲気の格好良い曲を作ってほしい、という依頼がありました。

このような「あの曲と似た曲を」というオファーは、その「あの曲」でやり尽くした感があるところからまた新しいものを考えていかないとならないので大変です。作るのは可能だけれど、どうしても「二番煎じ」になってしまう。「似た曲なら『ツー、ツー、スリー、フォー』ですか?」などと冗談を言って逃げていたのですけれど、結局作ることになりました。いろいろと考えて、「ワン」から始めて「ワン・ダバダバ〜」と続けようと思い付いたのです。当時、『男と女』という映画がヒットしていて、この主題曲をヒントにしたような記憶があります。

「ULTRA SEVEN」と同じく、男声コーラスを用いました。男声四部、各二名の八人で録音しました。「ULTRA SEVEN」のときは各声部一人の四人でしたが、さらにスケール感を出そうと考えました。「ワン」という言葉を男声合唱で響かせると、格好良いのです。MATの出動、攻撃などのシーンを中心に、効果的に使用することができたと思います。

この「ワンダバ」は、以後のウルトラシリーズでもアレンジを変えるなどして、使い続ける曲となりました。円谷プロ作品における出撃・戦闘シーンのときにかかる「定番」が確立されたように思います。またほかにもさまざまなテレビ番組のBGMにも使用されるほど、メジャーな曲になりました。

「ULTRA SEVEN」も「MATのテーマ（ワンダバ）」も、ともに長く聴き継がれています。何が評判になるかわからないから、不思議です。作る側からすると思いもよらないものが評判になるということは、たしかにあります。リパッティもあの七〇年以上も名盤として聴き継がれている、カラヤンとのシューマンの録音に不満だったわけですから。

(二)「(帰ってきた)ウルトラマンのテーマ」

「(帰ってきた)ウルトラマンのテーマ」のような大団円としての音楽は陳腐になりがちで、実は作るのがむずかしいのです。旋律には、トランペットを使用しました。トランペットは不思議な楽器です。勇壮な音色のイメージが強いですが、実際はやわらかで叙情的な音も出せて表現の幅が広いのです。『ウルトラセブン』の第四三話「第四惑星の悪夢」のスコーピオン号のシーンなどで、それを活かして使用しています。

この曲は、友人から「最近観たアメリカ映画が感動的で、夕陽をバックにラストシーンでかかっていたトランペットが印象的だった」という話を聞き、そこからインスピレーションを得て書きました。意外に思われるかもしれませんが、私はその話を聞いて映画を観に行きたかったのですが、結局観ていないのです。今となってはその映画のタイトルも、思い出せません。

この曲は、視聴者から高評価をいただいていますが、自分では少し不満です。このトランペットという奥深く扱うのがむずかしい楽器を、私はいまだに使いこなし切れていないのです。楽器のことは、どんなに勉強しても足りることはありません。

この曲のヴァージョンの一つ、M13に「夕陽に立つウルトラマン」というタイトルが付いていることは、実は最近知りました。夕陽と聞くと、どうしても夕陽を効果的に使っていた実相寺監督を思い出します。

以後のウルトラシリーズ

『帰ってきたウルトラマン』以降、シリーズが続いていくなかで時代も変わり、ウルトラマン自体のキャラクターも変わっていきます。ただ、私の仕事の仕方は変わりません。まだドラマの作品が一本もできていない、見ていない状態のときに説明を受けて作曲するのです。しかし残念ながら、その方法ではやりにくくなる部分が出てきました。作曲・録音を終えてから実際にできあがったドラマを観ると、説明とは異なっていたというようなことも相変わらずあるのです。断片的な未確定情報だけで作っている限りは、「ウルトラシリーズ」自体に新しさを感じられなくなってしまい、今まで以上のものは出てきません。無理やりにでもそこに新しさを感じて曲に出していく努力は、なかなかその仕事の方法だとむずかしいのです。また視聴者の受け止め方を参考にしようと思っても、その感触がわかるのは放送開始から二、三週間後でしたので、作曲には間に合わないということもありました。

『ウルトラセブン』ではクラシック音楽の管弦楽をベースにして作曲しましたが、その後のシリーズでは、一般的・大衆的なサウンド、歌が入ったものなどかなりバラエティに富んだ内容になっていると思います。それぞれ番組のコンセプトを聞いて、変えていきました。意識的に思い切って変化をつけると、かえってやりやすい面もありました。

以後のウルトラシリーズの印象深い楽曲

（一）「ゾフィーのバラード」（ウルトラマンA）

この曲の元の歌詞は、令和二（二〇二〇）年に亡くなった脚本家の上原正三さんが『ウルトラマンA』の台本のなかに書いたかなり長いもので、なかなか歌にするのは困難なものでした。いったん進行をあとにまわしたので、その台本の話がドラマになったときにも、まだ歌はできていませんでした。この「ゾフィーのバラード」の歌は、そのもっとあとにできた作品なのです。内面の奥へ奥へと沈んでいくようないい歌詞、言葉です。後述の「ウルトラの母のバラード」も同様ですが、拡がっていくけれども精神の深いところへ入っていく感じが、とてもよく現れています。歌詞もメロディも好きな曲です。実は、上原さんとは以前から一緒に仕事はしていましたが、実際に顔を合わせたのは比較的最近です。彼もこもりきりで書いているし、私も同様にこもって仕事をしているので、なかなか顔を合わせる暇もチャンスもなかったのです。ぎりぎりで間に合ったという感じでした。

『ウルトラマンA』の劇中では、インストゥルメンタル版を使用しました。楽器は、この歌詞の世界観をイメージして、トランペットを選びました。繰り返しになりますが、トランペットという楽器はいい楽器ですが扱うのがむずかしい。本当にうまい人が吹かないと、ただうるさいだけになってしまいます。この曲は、後述の平成二一（二〇〇九）年の演奏会「冬木透 CONDUCTS ウルトラセブン」でも演奏されました。このときのトランペットのソロは、スペイン人の若きトランペット奏者で、たまたま東京交響楽団との臨時の交換メンバーとして吹いていて、非常に上手でした。あんなに温かな音でこの曲のトランペットを吹いてくれたのは、彼が初めてでした。

(二)「ウルトラの母のバラード」(ウルトラマンタロウ)

『ウルトラマンタロウ』という作品において、「ウルトラの母のバラード」という曲を依頼されたときには、まだボーカルが誰か決まっていませんでした。また、こんなシーンのためにとかこんな曲想で書いてください、という指定もありませんでした。「母のテーマ」というタイトルだけ渡され、「お母さんの歌を作ろうよ」ぐらいでした。お互い、『ウルトラセブン』からのスタッフなので、依頼はそんな感じのやりとりで終わることも多かったのです。

作詞は田口成光さん、仲のいい友人です。彼が歌詞を書くのは初めてだったのですが、できてきた詞が少し変則で、ワンフレーズ足りなかったのです。もうワンフレーズあればその次の歌詞から二番を歌えるのですが、それがありませんでした。私はどうしようかさんざん悩みましたが、結局彼に書き足してくださいとは言わなかったのです。歌詞を書くのに慣れた人にならかんたんにやってもらえることです。しかしこれは彼にとって初めての作詞でした。彼の書いたそのままの歌詞でなんとかならないかと思って曲を書いているうちに、今の最終的なかたちになりました。このような経緯によって、この曲を聴くとぐるぐるまわりながら世界が拡がっていくような印象を受けるのだと思います。それがかえって、この歌のおもしろさ、良さになったと感じています。「ことば」が足りなかったからこそ、この感じができました。作詞の専門家なら、最初に足りないと気が付いて書き足してしまい、この曲の感じには至らなかったと思います。

この話は、いまだに田口さんには言っていません。「ウルトラセブンの歌」も歌詞が足りないところから始まりましたが、この曲も同様です。良い曲とは、そのようなものかもしれません。与えられた素材がどんなものであれ、デメリットをメリットに変えるような工夫がかえって功を奏するのではないでしょうか。

　この曲の楽器にギターを選んだのは、ギターの内面に向かう感じを大切にしたからです。同じ音程をたとえばピアノで弾くと、外に向かって発散していくようなところが出てきます。いっぽうギターだと、内面にぐっと入っていきます。こういう感情は、絵では出せないところで、まさに音楽が重要となってきます。

「交響詩ウルトラセブン」の作曲、録音

『ウルトラセブン』のために作曲した音楽を、キングレコードおよび番組放送当時に演奏者集めを依頼した前述の寺元宏さんとの企画により交響詩としてまとめ、これが「交響詩ウルトラセブン」という曲になりました。内容は、「一　ウルトラセブン登場！」「二　怪獣出現」「三　ウルトラホーク発進」「四　侵略者の魔手」「五　さよならウルトラセブン」の五曲にて構成しました。この内容は、一般に「管弦楽組曲」もしくは「交響組曲」と呼ばれるほうがふさわしいかもしれません。しかし私はこの曲の持つ「詩情」的なニュアンスから、「交響詩」と名付けることにしました。

録音日は昭和五三（一九七八）年一二月三日、場所は東京都福生市民会館、指揮は小松一彦さん、オーケストラは東京交響楽団です。編成は約七〇名程度だったと記憶しています。

作曲にあたっては、まずストーリーを構成しました。大まかに言いますと、地球の危機〜ウルトラセブン登場〜美しい地球〜怪獣出現〜ウルトラホーク発進〜宇宙空間〜ウルトラセブンとの別れ、そんなイメージです。それに沿って曲を選び、できるだけ元の音楽を活かす、という方針を立てました。テレビ番組の『ウルトラセブン』用に録音したときにくらべ、大きな編成で録音することが可能でした。もちろんそこでオリジナルから変更した部分はありますが、基本的には原曲に忠実に作っていったのです。

本当は『ウルトラセブン』の世界観とストーリーを余すところなく表現するためには、最終的に仕上げた時間の二倍ぐらいの長さが必要でした。もっともっと書きたかったですが、それは仕方ないですね。また作曲する際は、聴いてくださる方に「あ、あのシーンのあの音楽だ！」とわかってもらおうと心掛けました。それは正解で、聴いてくださった方からの評判はとても良いものでした。

全体的な曲のトーンをそろえる必要があり、ロマン派から二〇世紀までのサウンドを中心としました。そのため、ファンの方に人気のある、「Sonata」「フルートとピアノのための協奏曲」など、古典派的な響きがあるものや編成が小さいものは入れませんでした。

録音を行った福生市は、ご存じのとおりアメリカ軍の横田基地がある街です。ホールのなかでも飛行機の音はおろか、電車の音まで聞こえました。さらに致命的なのは、ホールの音響がよくなかったのです。レコードになったときも、そのままの音だったので少しがっかりしました。マイクはマルチで立てていたのですが、録音が二チャンネルだったので、バランスを取るのがむずかしかったのだと思います。そんな環境でしたので、最終的に調整するミキサーの方は苦労しただろうと思います。

「冬木透 CONDUCTS ウルトラセブン」での「交響詩ウルトラセブン」の生演奏

この曲はその後何度も生演奏の機会があり、平成二一（二〇〇九）年三月一三日東京・初台の東京オペラシティにて私が東京交響楽団を指揮した演奏は、「冬木透 CONDUCTS ウルトラセブン」としてCD、DVDが発売されました。また最初の昭和五三（一九七八）年録音のものも、二〇一三年発売のCD『ウルトラセブン・クラシック』にあらためて収

2009年の東京オペラシティでの「冬木透 CONDUCTS ウルトラセブン」より

録されました。嬉しい限りです。
少しだけ、このオペラシティの演奏会の話をします。曲目は、「交響曲ウルトラコスモ」、「交響詩ウルトラセブン」、「ウルトラ警備隊の歌」、「ワンダバメドレー」などでした。全曲私の作品のみの演奏会で、さらに私が全曲の指揮をする演奏会は、おそらく初めてだったように思います。この企画はファンの方からもご要望があり、私としてもいつかやりたいとは思っていたのです。ただしもちろん大きな話になりますから、予算や日程、スタッフや演奏者の手配など、さまざまな準備が必要になってきます。ある程度、機が熟すのを待たなければなりませんでした。

オーケストラはこれまでお話ししてきたとおり、『ウルトラセブン』録音時の主要メンバーであり「交響詩ウルトラセブン」の初演をお願いするなど、非常に縁が深かった東京交響楽団に依頼しようと思っていました。すると、東京交響楽団の日程がたまたま空いた日と、オペラシティの空いている日が一致したのです。さらにそれは、私の七四歳の誕生日でした。偶然ではありますが、そこには何か必然のようなものを感じました。

もちろん、指揮は私の専門ではありません。しかし自分で書いた曲ですから、私なりの楽曲解釈はもちろんあります。「うまく振れればいいな」ぐらいに思っていました。結果、多くの皆さんに喜んでいただいたのは、大変嬉しいことです。

冬木透と蒔田尚昊

そもそも「冬木透」というペンネームは、ラジオ東京の社員時代に『鞍馬天狗』の作曲を担当することになったときに作ったものです。当時、社員は作曲の仕事のうえで本名を名乗ることができませんでした。それで会社の近くのバーでお酒を飲んで、けっこう悩みながら考えました。まず、私は冬がいちばん好きな季節だったこともあり、やはり好きだった秋から冬に小さな花を咲かせる「柊」という漢字を分解して、「冬木」にしたのです。イメージしたのは、幼少時代を過ごした満州の冬景色だったと思います。「透」も好きな字で、その満州の景色で思い起こした木の感じから付けました。そこのバーのママが姓名判断をやっている人だったので、できあがった「冬木透」という名前を見てもらったら、「いい名前ね！」と言ってくれました。

その後会社を辞めて社員ではなくなったので、ペンネームの「冬木透」を使う必要はなくなりました。ただ本名の蒔田尚昊に一本化するとか、本名とペンネームを何らか使い分けようとか、そういう考えはとくにありませんでした。どちらがどちらでもいいと思っていました。

ところがある日、本名の蒔田尚昊名義で書いた曲のギャランティを受け取りに行ったのですが、金額を見て驚きました。なんと冬木透名義の半分以下だったのです。窓口の担当者に「これは間違いでは？」と聞いたら、「これは、新人としての扱いの金額ですよ。これまで蒔田尚昊の名前では、登録されていなかったから」と言われました。さすがにそれ以降、しばらく冬木透名義を使うようにしました。

その後いつの間にか、テレビや映画の作品のための音楽は「冬木透」、それ以外全般、とくに純クラシック音楽や教会音楽的なものは「蒔田尚昊」と使い分けるようになり、発注者サイドが意識的に区別して扱ってくれるようになりました。

蒔田尚昊名義の印象深い楽曲

(一)「ガリラヤの風かおる丘で」

「ガリラヤの風かおる丘で」は、さまざまなキリスト教がその宗派を越えて「讃美歌集」を作ろうという動きがあって、それに参加して作曲した曲です。おかげさまでこの讃美歌はカトリックだけではなくプロテスタントも含めて、どの宗派でも気に入ってもらえて、よく歌われる歌になりました。私自身がクリスチャンですので、それが作曲に影響している部分はあるのかもしれません。

青山さんのお話によると、ウルトラセブンにくわしい方は「冬木透は、本名でキリスト教の有名な讃美歌を書いている」と聞くと意外に思われるそうですが、いっぽうキリスト教関連の方は「蒔田先生はペンネームでウルトラセブンのテーマ曲を書いている」と聞いて驚いているそうです。

(二)「黙示録による幻想曲」

この曲は、昭和四五(一九七〇)年に大阪で開催された日本万国博覧会にてオルガン・コンクールがあり、それに提出した作品です。私の作曲時期的には『ウルトラセブン』と『帰ってきたウルトラマン』の間になります。オルガンは好きな楽器です。電気を使わないシンセサイザーのようです。むしろ逆に私はシンセサイザーができたときに、オルガンみたいだと思ったものでした。前衛的な作品なのですが、どこか『ウルトラセブン』の世界と相通ずるものがある、とファンの方に言われたりもします。

「黙示録」というのは、新約聖書のなかでも最もむずかしい章です。いわゆる世の終わり、終末思想の福音だと言われるのに対し、私はそう解釈してはいません。しかし、この話はむずかしくてここで説明できないので、ほかにゆずります。

(三) 組曲「歳時」

この曲は、紀尾井ホールを運営する日本製鉄文化財団からの依頼で作曲しました。日本がワシントンDCに寄贈した桜が平成二四(二〇一二)年に一〇〇周年を迎えたことから、紀尾井シンフォニエッタ東京のアメリカ演奏旅行で記念演奏会を実施することになりました。そこで、当時財団の常務理事であった町田龍一さんから、サクラにちなんだ曲を作ってほしいと頼まれたのです。

私は、「さくらさくら」のテーマをモティーフにして、変奏曲を書きました。そのアメリカでの演奏会に私は行けなかったのですが、演奏を聴いたワシントン在住の日本人が「あんなにすばらしいサクラの下で懐かしい雰囲気のすばらしい曲を聴くことができた」と喜んでいたと聞きました。会場にはすすり泣きの声すら聞こえたとのことです。

三〇分の曲を依頼されたと記憶しています。雪が積もっていくところをイメージした冬の曲から作り始めました。そこから膨らませて全曲を完成させたのです。

少し作曲の話をします。このような新しい曲を書くときはどのように行うのか、ということですが、必ずその都度新たに勉強をする必要が出てきます。この「歳時」の「Ⅱ 春告げ、咲く花の女王」は、テーマを複数回繰り返し、そのたびにバリエーションが展開し、クライマックスで散っていくかたちにしています。この曲の作曲時は、バリエーションの作り方をあらためて勉強しました。勉強と言っても、教科書的なものを読むといった類いの方法ではなく、ほかの作曲家の楽譜を見て知識を得るのです。それを経て、何回かバリエーションを書く練習をして腕を磨き直しておいてからでないと、いきなり書こうと思っても良い曲は書けないのです。参考になる作曲家は、やはりベートーヴェン、ブラームス、チャイコフスキーなどといった大家たちです。うまいです。実際の作品を見たほうが学ぶところが多いので、彼らのスコアを見て勉強します。作家の方が「文章の書き方」のような本を読んで勉強などしないけれども、気に入った昔の小説家の本を読んでこれぞという文体を取り入れたり入れなかったり、そんな感じに近いのだと思います。

桐朋学園を退職してから

平成九（一九九七）年に桐朋学園を退職し、それまでテレビなどの作曲の仕事と二足の草鞋だったのが、その片方がすっぽりとなくなりました。するとその時間を使って今までやりたくてもできなかったことができるようになったのです。

一つは研究です。桐朋学園では、ときどき新しいテーマでの講義を一年間のカリキュラムで始めていました。しかし、そのテーマに必要な研究が一年で完結するとは限りません。そうすると、「これはいつかこの先、さらに勉強したい」と思うのですが、時間がなくてなかなかできませんでした。それが、退職して時間ができて、ようやくそのような勉強を始められるようになりました。

またいちばん多いのは、「頼まれ作曲」です。たとえば桐朋学園の卒業生や友人から、「一曲書いてくれ」と言われるのです。あるいは以前に楽曲を提供した演奏家から、「私のためにもう一曲書いてください」と言われることもあります。桐朋学園在職中は、そういう「宿題」はほぼできたためしがなかったのですが、時間の余裕ができてそういうことも可能になりました。

退職した年に、娘から「学校を辞めて、いかがですか」と聞かれて、「やっと読みたい本が読める」と感慨をもって言った記憶があります。もともと読書好きだったのですが、在職中はなかなか時間が取れませんでした。

「物理的に時間ができる」というのは、そのような今までやりたくてもできなかったことに時間を使えるということなのです。

老後を迎える世代の方へ

これからかつての私のように退職などの節目を迎えて、時間ができてこのあと毎日どうしようなどと考えている方も多いかと思います。そういう方々に対して何かを言えるわけではありませんが、ここのところさかんに頭のなかを行ったり来たりしていることがあります。それは「もっと勉強していれば良かった。今から勉強しても間に合わない」という思いです。それに尽きます。今の時代、六〇歳以降も二〇年、三〇年といった時間がありますす。私の年齢になって後悔しないように、勉強すると良いと思います。それまでやってきた勉強の続きも、まったく新しい勉強も、両方です。

人生、まさに「光陰矢の如し」です。

第五章　クラシック音楽と私

私の作曲の根幹にクラシック音楽があること、私がクラシック音楽の作曲家として多くの作品を書いていることは、意外と知られていません。そこでこの章では、いくつかのテーマでクラシック音楽について思うことを語ってみようと思います。第三章で書いたように、私は『ウルトラセブン』の音楽についてもクラシック音楽の手法で書いています。もしまだクラシック音楽をあまり聴いたことがないという方は、この章で触れる話のなかで気になったものを聴いてみてください。『ウルトラセブン』をはじめ、私の書く音楽についてより深く味わうことができるようになることと思います。

好きな作曲家

(一)フランツ・シューベルト(一七九七〜一八二八年)

「好きな作曲家は誰ですか?」との問いに、今回初めてシューベルトを選びました。「いちばん」と言うのは避けますが、好きな作曲家の一人として挙げます。私はシューベルトは正当に理解されていないと思っており、なかなか一般にも名前が挙がりません。私はシューベルトの懐の深い世界は偉大だと考えており、そのすべてが好きです。

ベートーヴェンの交響曲は九曲ありますが、では他の作曲家の交響曲でベートーヴェンの「第一〇番」と呼んでも良いような曲はどれか、という話がよく出てきます。この問いに対して、ブラームスの交響曲第一番がよく挙がりますが、「第九」とブラームスの交響曲第一番はいきなりはつながらないような気がします。つながるのはブルックナーの交響曲第一番もありますけれど、最もふさわしい曲がシューベルトの交響曲「グレイト」だと思います。この曲のスケールの大きさこそが、ベートーヴェンの交響曲第一〇番として、ぴったりと位置付きます。これは私だけではなく、ドイツの音楽学者も言っているのですが、ほかにそう考えている人は私の知る限りあまり多くはありません。それぐらいシューベルトは理解されていないのです。

オーストリアの作曲家、フランツ・シューベルト（1797-1828）

ほかに有名な作品としては、交響曲「未完成」、歌曲、ピアノ曲、室内楽曲などがありますが、人々にもっと評価されていい作曲家です。私の好きな曲はそのときの気分によりますが、ここではピアノのための「四つの即興曲」第三曲（D899. nr. 3 Ges-dur）を挙げておきます。

（二）ルートヴィヒ・ヴァン・ベートーヴェン（一七七〇～一八二七年）

第一章で書いたように、ベートーヴェンの交響曲第八番を聴いたことは、私の幼少期の原体験の一つです。今聴いても懐かしく、また嬉しくて気分がよく、幸せな気分がこみあげてきます。私のベートーヴェンは、ここから出発したのです。

この曲には、私が思う「ベートーヴェンとはこういうものだ」というポイントがあります。リズム的な遊びがたくさんあり、なかでも三拍子が特筆すべきものです。三拍子は「一、二、三、一、二、三」なのですが、そのリズムが譜例のように「ポンポンポン、ポンポンポン」になったり「タンターンタ、タンターンタ、タンターンタ」になったり、一が一ではなかったり、あとのほうで辻褄を合わせるために半拍待っていたり、といろいろ変化するのが興味深い。しかし変化しても三拍子というリズム自体は壊れない。ベートーヴェンの交響曲第八番には、そのあたりのおもしろさがあります。

ベートーヴェンは多様なジャンルの曲において、このようなリズムの遊びが実にうまい。このことはあまり話題にならないのですが、私はベートーヴェンのおもしろさはそこにあると思っています。もちろん子どものときは、そのようなことは考えていませんでした。中学生の時分も周囲には楽譜もなかったので、それがわかるようになったのは高校生になってからです。高校のときに、午前一〇時頃からＮＨＫラジオでベートーヴェンの曲ばかり取り上げた番組があり、それを聴いているうちにベートーヴェンのリズムの魅力に取りつかれました。そのように、音楽を聴いたり自分で演奏をし始めたりしてから、リズムのことを徐々に意識するようになったのです。

譜例：ベートーヴェン交響曲第8番
第1楽章の第1主題

本格的にスコアや楽譜を見て分析し出したのは、大学に入ってからでした。

実際にベートーヴェンの楽譜を見て気付いたことがありました。一般に、たとえば楽譜にフォルテと書いてあっても、それはただ音を強くすればいいというような単純なことではありません。同じフォルテでも、微妙な楽器の音色にまで配慮する必要があるのです。リズムの遊びも同様で、指揮者、演奏者によっていろいろその表現は変わってきます。いっぽうベートーヴェンの交響曲第八番は、楽譜に書かれている指定がかなり細かいのです。作曲家の指示がはっきりしているので比較的解釈がしやすく、演奏による表情の違いはほかの楽曲とくらべてそれほど大きなものにはならないと思っています。

私が子どものときに聴いていたのは七八回転のSPレコードでしたが、その後LPレコード、CDとメディアが変わっていくなかで録音の技術が良くなっていきました。すると、このようなリズムに関する詳細な表現も以前よりかなり克明にわかるようになり、分析的な聴き方に堪えられるようになりました。

ベートーヴェンの楽曲のなかでほかに好きな曲を挙げるなら、交響曲第七番です。とくに第二楽章。さきほどお話しした高校生のときに聴いていたNHKラジオの番組で、日本人演奏家によるベートーヴェンの連続演奏が放送され、そこで交響曲第七番を初めて聴いたと記憶しています。第二楽章は、楽器の音が一つ一つ違う色で聞こえてきます。音には色があるのだということを意識した最初の経験です。今では、たとえばある音がピンクから赤になっていくと感じるときに、そこはどんなオーケストレーションをしているのか想像する、というような聴き方をするようになりましたが、その原点のような体験でした。

(三)リヒャルト・ワーグナー(一八一三〜一八八三年)

第一章でお話ししたワーグナーの楽劇「ニーベルングの指環」第一日「ワルキューレ」のラスト「魔の炎の音楽」をあらためて聴くと、やはりすごいですね。私は幼少期にこの四分ちょっとにやられて、いま貧乏暮らしをしているようなものです。私が音楽家になることをずっと反対していた父は、これを聴かせたことを後悔しているだろうと思います。

その後成長してわかってきたことは、ベートーヴェンの項で書いたことと同様、音には色があるということです。たとえば赤という色で言えば、怖い赤もあれば楽しい赤もある。濃い赤と暗い赤は、同じところもあれば違うところもある。その「さまざまな赤」が、さらにそれぞれグラデーションも付いていたり、ほかの色とも混ざったりしている。赤という意味では同質だけれども違う。違うけれど赤という意味では同質である。それは、つまりは楽器の音の違いです。

「魔の炎の音楽」では、点けられた火がどんどん炎となり大きくなっていきます。それで世界中、燃えるような火になる。同じ火でも、それぞれの段階で色合いが違うわけです。楽曲でそれを表現できたのは、ワーグナーが天才だったからでしょう。

その後、「ワルキューレ」を全曲聴いたのは一回だけです。ゲオルク・ショルティ指揮によるステレオのＬＰの全曲盤が出たときに買いました。厚い箱入りでした。

話は逸れますが、ショルティはモーツァルトの「魔笛」も良かったです。ビデオかテレビで映像を観たのですが、ショルティがピアノを指揮台の非常に近くに置いて、彼がピアノを弾くとそこにパパゲーノ役のフィッシャー＝ディースカウが近付いてくる。そして指揮台の周りで二人が絡み、ピアノに飛び乗ったり鍵盤を上から見下ろしたりして芝居をするのです。これはなかなか気が利いていて、おもしろかったですね。

ワーグナーはその後もずっと好きですけれど、もうこの年齢になると一晩付き合うのは大変です。ですのでいま聴くなら、長男のジークフリートが生まれた翌年に妻のコージマの誕生日のために書いた、時間は一五分程度で編成も小さめの「ジークフリート牧歌」がいいですね。あれが、いまの私にはちょうど良いです。

（四）ジャン・シベリウス（一八六五〜一九五七年）

シベリウスは、気が付いたときには好きになっていました。私が冬が好きということも影響していると思います。最初に耳にしたのは、たぶん「フィンランディア」でしょう。その後、昭和五九（一九八四）年にフィンランドの作家の原作小説をアニメ化した、世界名作劇場『牧場の少女カトリ』という作品で、シベリウスを編曲して一連の楽曲を作ったことがありました。「フィンランディア」を使ってほしいという指定で、うまく活かせた曲ができたので、東京フィルハーモニー交響楽団で録音をしました。少し贅沢ができた仕事でした。

シベリウスは、現代的でありながらあり過ぎない。彼の生きた時代的にはもう少し先の現代的な音にまで行っても良かったのかもしれませんが、行き過ぎていないところがいいですね。そのへんが安心して聴くことができる要因です。もちろん、交響曲の第二番以降は、かなり意欲的な試みがなされていますが、それもいいところで収まっています。交響曲で最初に聴いたのはおそらく第五番で、とくに好きな曲です。この寒い感じが良いです。

好きな指揮者

(一)ヴィルヘルム・フルトヴェングラー(一八八六〜一九五四年)

高校・大学の頃、音楽を聴く手段はおもにラジオでした。また、学校の音楽室にはレコードのライブラリーがあり、買い足して、買い足して、少しずつ増えていっていました。高校生の頃には「どの指揮者が好きか」という意識はありましたけれども、むしろ数多くの演奏を聴きたかったので、誰か一人にのめり込んだということはありませんでした。

その後、もう少し年齢を重ねて好きになった指揮者を挙げるとすると、まずはヴィルヘルム・フルトヴェングラーです。フルトヴェングラーの魅力を一言で言うのはむずかしいですが、音楽よりもまず本人の「近寄りがたく偉大」なイメージというところでしょうか。

第二次世界大戦が終わったあと、フルトヴェングラーは戦時中のナチへの協力を疑われ、昭和二二(一九四七)年まで公に演奏できなくなります。いっぽうベルリン市民である聴衆が、戦時下でも心を強くして生きてゆけたのは、フルトヴェングラーが休日のコンサートで振ったベートーヴェンがあったからなのです。フルトヴェングラーほど、あらゆることを背負って立ったスケールの大きな人はいません。私も昭和二五(一九五〇)年前後のちょうど感じやすい高校生の年頃に聴いて、そのあたりが気になっていました。

フルトヴェングラーで印象に残っている演奏は、戦犯裁判で無罪放免になった後、初めて演奏した「運命」です。楽譜の冒頭は「タ・タ・タ・ターン」とG（ソ）の音が三つなのですが、その演奏では四つあったのです。「タ・タ・タ・タ・ターン」と。あれを聴いたときにはショックを受けました。クラリネットが、飛び出してしまったんですね。その演奏は、私が実際に聴く前から評判が高かったので、手ぐすね引いて待っていました。そしておそらく演奏から二年ほど経ったある日、日本でもLPレコードが発売され、すぐさま買ってようやく聴くことができました。フルトヴェングラーだけではなく、ベルリン・フィルのメンバーも聴衆も、みんな精神が高揚した状態になっていたことが伝わってくる演奏でした。

ドイツの指揮者、ヴィルヘルム・フルトヴェングラー

(二)ブルーノ・ワルター(一八七六〜一九六二年)

フルトヴェングラーと同じ頃に好きになったのは、ブルーノ・ワルターです。ワルターについては、どこが好きかとか、どの演奏が良いかとか、何か一つと言われると出てきません。すべてがオールマイティにいいという感じです。ただ好きな録音を強いて挙げれば、グスタフ・マーラー作曲「大地の歌」(ウィーン・フィル、一九五二年録音)のフィナーレです。アルトのフェリアーのソロと管弦楽のアンサンブルによってスケールの大きな世界が見えてきて、心を打ちますね。今も自宅でときどきこのフィナーレを聴いています。どこまでが曲の良さで、どこからがワルターの演奏の良さか、ということは分けられるものではありません。こういう音が書いてあるからワルターは自然にこう振る、こう振るから自然とこういう音になる、そのようなことかもしれません。しかもウィーン・フィルが最高で、もう何も言うことはありません。

(三)ヘルベルト・フォン・カラヤン(一九〇八〜一九八九年)

カラヤンは好きです。なにしろ見た目も振り方も音楽もすべて格好良いと感じます。あのめちゃくちゃやるところは、ほかの人にはできない。演奏は、テンポが若干ゆっくりめになってきたやや晩年の時代のほうがいいです。好きな録音は、マーラーの交響曲第五番（ベルリン・フィル、一九七三年録音）で、とくにアダージェットがいいです。

カラヤンは協奏曲がうまいです。

『ウルトラセブン』最終回のシューマンのピアノ協奏曲の指揮者も、カラヤンです。

好きな楽器

好きな楽器は何ですか、という質問には、いつもオルガンと答えています。ただ、オルガンは特殊な楽器ですから、ひんぱんに聴くわけではありません。オルガンを好きになったきっかけは、エリザベト音楽短期大学にオルガン科があってそこで音を耳にしたことです。第一章でふれた話ですが、大学一年生の夏休みにドイツから寄贈されたオルガンが世界平和記念聖堂へ到着して、フランス人のエンジニアによる組み立てを手伝い、これはすごいものだと思いました。それをきっかけに私はオルガンを演奏するようになりました。それからしばらくしてヴィルヘルム・ケンプが来日し、そのオルガンを弾いた話は、第一章をご参照ください。

そのほかの楽器では、トランペットも好きです。こちらもこれまでところどころでお話ししてきましたが、硬い激しい音からとても柔らかい音まで、表現の幅が広いところが魅力です。

またヴァイオリンも嫌いではないですが、自分では実際に演奏したことがないので、扱いはむずかしいです。私にとって身近な鍵盤楽器とくらべると対極の存在です。

思い出に残る演奏会

クルト・ヴェス（一九一四〜一九八七年）という、昭和二六（一九五一）年にウィーンからやってきて昭和二九（一九五四）年までNHK交響楽団の首席指揮者を務めた指揮者がいます。彼は、ウィーンから客員奏者四名も連れてきてN響のレベルアップをはかり、このうちハープのヨセフ・モルナールは日本に残り、日本のハープ奏者育成に多大な貢献を果たしました。

そのお披露目のようなかたちで日本国内の演奏ツアーがあり、広島でもコンサートが開催されました。私は田舎の八重から市内までバスに乗って、その演奏会を聴きに行きました。これが、私が生まれて初めて生で聴いたプロのオーケストラでした。曲目は、ベートーヴェンの交響曲第六番「田園」でした。私のチケットは指定席ではなかったと記憶していますが、いちばん前の列からさらに前に行って、指揮台の下でしゃがんでスコアを見ながら聴きました。指揮者の方もびっくりしたかもしれません。このときの音は忘れられない記憶です。生で聴くオーケストラは、レコードとはまったく違いますからね。いっぽう演奏の内容がどうだったかは、あまり覚えていません。

仕事で聴く音楽・楽しみで聴く音楽

同じクラシック音楽を聴く場合でも、仕事として聴く場合と楽しみで聴く場合とでは、違う聴き方をします。

作曲の仕事の場合、たとえばシベリウスの「フィンランディア」で言いますと、冒頭のトロンボーンの暗い怖い感じの音を聴いて、この音色はどのようにできているのだろうとスコアを開いてみたりします。また、モーツァルトの交響曲やシベリウスのヴァイオリン協奏曲の冒頭など、あのすばらしい音はどのような編成で構成されているのだろう、と気になった音の正体を調べたりもします。

また、音大で教えているときなどは、担当する学生が一人一人今何を勉強しているのかを考えながら聴きます。教える立場としては、そのような観点で聴く必要があるのです。

いっぽう酒を飲んだりしながらリラックスして聴くときは、そんなことは何も気にしません。そこは切り分けています。楽しむときは、自分が作曲家であるとかそんなことは関係なく、皆さんと同じです。

私にとっての作曲、作曲の仕方、楽器の選び方

本書の冒頭で「作曲をするときに技法のようなものによるのは部分的です」と書きました。その技法のことについて、少しお話しします。

作曲の過程というのは、手紙や文章を書くようなものです。たとえば、とてもおそれ多い方に仕事を依頼する手紙を書くとします。そのときに、いきなり「お仕事をお願いします」と書いてしまっては、良い手紙とは言えないでしょう。出だしにはそれにふさわしい

始まり方があり、そこから全体のかたちを決めていくわけです。音楽も同じことです。

いっぽう、文章と音楽は少し違うところもあります。仕事の依頼の文章は、もちろん一貫して言葉で書かれます。導入から本題に入りそして締め括るまで、言葉を尽くすことでかたちになる。しかし音楽の場合は、多くの場合歌詞がありません。当然、文章よりわかりにくい。そこで、文章以上に「形式」というものを整える必要が出てくるのです。

たとえばテーマ（主題）を覚えてもらうために、何回か同じモティーフを繰り返します。繰り返しという観点からは、ベートーヴェンの「運命」は、その最たるものです（導入部も含む形式、という点では例外になりますが）。「お仕事をお願いします！」。そして、「お願いします！　お願いします！　お願いします！」と。そこはあまりに長いとくどくなるし、さっぱりし過ぎていると伝わらない。テーマを伝えるのにちょうどよい長さがあるところは、文章とそれほど違わないかもしれません。非常に大雑把な言い方ですが、それが「形式」というものの根幹になります。

では、それをできるようになるにはどうすれば良いのか、という話です。たとえば私は、ドイツ語で仕事の依頼の手紙を書くことはできません。日本語で仕事の依頼の手紙を書くことができても、ドイツ語で書くとなるとドイツ語の知識とテクニックが必要になります。これを音楽に置き換えると、たとえ伝えたいことがあったとしても、楽式や和声など音楽の語法を理解していないと書けないということです。このたとえは、わかりやすいかもしれません。

さて具体的にどうやって作曲をするのか、ということですが、ピアノを使う方も多いですが、私の場合は基本的に頭のなかで行います。初めて本格的な作曲を行った、エリザベト音楽短期大学の受験のときの「マズルカ」も、頭のなかで作曲しました。その後も、多くの場合は楽器を使って作曲をすることはありませんでした。また、楽曲のなかで扱う楽器の知識は、おもに大学時代に習得しました。さまざまな楽器を専攻している学生がすぐ近くにいましたから、とにかく楽器を演奏している人に近付いていって見せてもらいました。

楽器は、それぞれが違う表現の世界を持っています。作曲の際はその世界を極力応用し、みずから働いて作用してもらうことを心掛けています。映像と音楽を合わせていくときは、とくにその手法が有効です。作曲のどの時点で楽器を選択するかというと、メロディや和音が先にできてあとから楽器をあてはめる場合と、最初から楽器の編成が頭のなかにあってメロディや和音を組み立てる場合と、どちらのケースもあります。

また、楽器の音全般に言えることでもありますが、管楽器、とくに金管楽器は、絵画的、視覚的な印象をもたらす要素があるような気がします。私はそれを漠然と意識しながら、音を並べていっているのかもしれません。これは、ベートーヴェン、ワーグナー、リヒャルト・シュトラウスなどに共通して言えることです。ベートーヴェンの場合で言うと、たとえば「荘厳ミサ」。この曲はラテン語の祈りなのですが、「天にのぼり父の右に座される」という意味の歌詞があり、そこの箇所の音楽もそのような絵画的、視覚的なものになっています。ドラマティックな表現をするときに、このような要素が必要になるのだと思います。さらに、ベートーヴェンよりも前の時代の作曲家の曲にもこのような部分がありますし、もともと音楽は絵画的、視覚的な表現の可能性を内在しています。

『ウルトラセブン』のテーマソング「ウルトラセブンの歌」も、その目的で金管楽器の要素を強くしました。聴いてくださった方がそのように思うかどうかはわからないですけれども、冒頭の部分は階段がだんだん拡がっていくような印象、それを絵に描く感覚で音を並べています。

『ウルトラセブンの歌』はなぜ変ホ長調なのか

青山さんから、ベートーヴェンの交響曲第三番「英雄」、リヒャルト・シュトラウスの交響詩「英雄の生涯」、「ウルトラセブンの歌」と、「三大英雄の曲」はすべて変ホ長調ですが、先生はなぜ変ホ長調を選ばれたのですか、との質問をいただきました。「三大英雄の曲」などと言われると笑われてしまいますので、困ります。正直なところ、ベートーヴェンの「英雄」が変ホ長調というのは知っていましたけれど、それを意識したわけではありません。リヒャルト・シュトラウスの「英雄の生涯」については、初めて気付きました。つまりその二曲を意識したり、「英雄を描く調性は変ホ長調である」と考えたりしたわけではありませんでした。

ではなぜ変ホ長調を選んだかと言うと、冒頭の階段が拡がっていくように和音を重ねていくフレーズをいい音で響かせるためでした。私が調性を決めるときの最大の観点は、響

「ウルトラセブンの歌」自筆譜

きです。金管楽器で豊かで痩せていない響きが必要なときは、フラット系を用います。一般論として、もっと金属的な音がほしいときは、シャープ系も含めて考えます。もともとこの調性はこういう感じの響きである、というものがあるのです。私はそれを直接教わったことはありませんが、先輩作曲家のスコアを見て徐々に理解していきました。

また、あの部分の音域はかなり広く、変ホ長調はその端までうまく響かせるのに適していました。さらに管楽器は移調楽器も多いのでフラット系のほうが適しており、なかでも臨時記号が少なくなる変ホ長調はちょうどよかったのです。

また、前述の話に多少関係する部分もあるかもしれませんが、変ホ長調が明るくて温かい音だからという理由もありました。「性」という字が付くように調性にはそれぞれ性格があります。たとえば変ホ長調よりフラットが一つ減った変ロ長調ですと、ずいぶん印象が重くなってしまいます。たしかに『ウルトラセブン』の世界観は多少暗めだったとは思いますが、英雄がピンチになったときは、明るく元気付ける必要があります。「地球を守る」「平和を愛する」「勇気」「使命」、そのような『ウルトラセブン』のテーマは明るくて温かい音楽がふさわしいと考え、変ホ長調を選んだのです。

さて作曲について少々お話ししましたが、冒頭でも述べたようにやはりそれはなかなか言葉で説明できることではありません。それは音楽全般についても同様です。かつて「魔の炎の音楽」に幼い日の私が衝撃を受けたように、やはり音楽は「聴く」ことに尽きると思います。

いっぽう、本章で書きました作曲・クラシック音楽のことや、四章まででお話ししてきた私のさまざまな体験を知ったうえで私の音楽を聴くと、それまでとは違う何かを感じ取っていただけるかもしれません。『ウルトラセブン』の音楽も、各監督とのやりとりや作曲・録音現場の話など制作の裏側を知ったうえで聴くと、より違ったものに聞こえると思います。

とはいえ、私の作品に限らず音楽を聴くそのときは、ぜひいったん虚心になって耳を傾けてください。するとそこには必ず、皆さんお一人お一人への天啓があることでしょう。

特別談話

「冬木家で育った私の幼少時代」

岡本舞（俳優／冬木透・長女）

冬木家の音楽環境

音楽家を親に持つご家庭の方から、「子どもの頃、常に家で音楽が流れていた」という話をしばしば伺います。いっぽう私が物心ついた頃の日常を思い返してみると、そのようなことはありませんでした。父が音楽を聴くときは、何らかの意志を持っていたように思います。

オーディオの機器は父の書斎にあって、それが居間に置かれるようになったのは私がかなり大人になってからです。書斎で音楽を聴いていた父に、「ちょっと聴きにおいで」などと言われることはありませんでした。ですので私が音楽を聴くようになったのは、時おり家のなかで鳴っている音楽に自分から興味を持ったことがきっかけだったと記憶しています。

父の書斎から漏れ聞こえてきた音楽に興味があればみずから聴きに行き、なければ行かない、そのようなことを繰り返していました。子どもですから、その音楽の好き嫌いで決めていたのだと思います。

桐朋学園の「子供のための音楽教室」、ピアノのレッスン、独学のギター

私が子どもの頃は、よく引っ越しをしていました。ただ、私は幼稚園から桐朋学園へ通っていたので、学校へ通える範囲内で町が選ばれていたのだと思います。近いときは歩いていける距離、遠くてもバスで三〇分でした。具体的に言うと、京王線沿線の仙川、調布、小田急線沿線の成城、少し遠くても、バス一本で行ける吉祥寺といったエリアでした。

私がピアノを習い始めたのは、幼稚園に入った頃でした。当時、お友だちでピアノを習っている子は何人かいました。私の仲良しでピアノが上手なお友だちのお母様は、音楽の先生でしたね。また私はほぼ同じ頃、桐朋学園の「子供のための音楽教室」の幼児科へ入りました。しかしこの音楽教室は、小学生の部に上がってすぐの一、二年生の頃にやめてしまいました。その理由を思い出してみると、幼児科はリトミックをしたり歌を歌ったりと楽しかった

映画『チルソクの夏』(2003年)出演時の岡本舞。
©2003「チルソクの夏」製作委員会　脚本・監督　佐々部清

のですが、小学生の部に入ったとたんに和声、ソルフェージュといった「楽典」的ないわゆる「お勉強」に切り替わってしまい、楽しさが見いだせなくなってしまったのだと思います。また親御さんたちからは、お子さんの進路を考え始めたのか必死さが伝わってきて、教室の雰囲気も変わってしまいました。今思い返すと、そのような環境のなかでいたってのんびりしている自分が、場違いに思えてしまったのかもしれません。

やめた理由はほかにもあります。ソルフェージュには、「聴音」という聴いた音を楽譜に書き取る授業があるのですが、私が書くと音符や記号を何度書き直してもきれいに書けないのです。自分でも愚かだったと思うのですが、当時の私にとって「きれいな譜面」とは、父の書いたものが比較の対象でした。私も父と同じレベルで、手書きできれいに書けるものだと思っていたのです。それがいざ自分で書いてみると、まずト音記号すらまともに書けずにショックを受けました。それでたちまちレッスンが嫌になってしまったのです。「練習すればきれいに書けるようになる」という、普通の正しいプロセスに思い至らず、「うまく書けないからやりたくない」と短絡的に思ったのでしょう。うまく書けなかったところを消しゴムで消して書き直しているうちに、授業のペースからどんどん遅れていきました。毎回このように行き詰まっていたことが重なり、教室へすら行きたくなくなってしまったのです。

結局音楽教室は、自分から父に頼んでやめさせてもらいました。最初は「行きたくない」と言い始め、そのうち「今日は休む」となり、それをずるずると続けてやめるか続けるかどちらかに決めなければならないところにまで至ったのです。子どもにありがちなパターンです。父は反対せずに、「わかった。でもピアノは続けなさい」と言いました。なぜ続けたほうがいいかという理由については、聞いたかどうか覚えていません。その後、師事した先生は途中で替わりましたが、ピアノ自体は中学一、二年生頃まで続けました。ですが、ピアノの発表会には一度も出ませんでした。

レッスンには週一回行っていましたが、私は自宅で練習するのが大嫌いでした。父が家にいるときには、ピアノを弾きたくなかったのです。やはり音楽家の父には気後れしますし、自分のピアノについてダメ出しされるのが嫌だと思ったのでしょう。また家では、父がいるときに大きな音や声を出すことが禁じられていました。音楽も例外ではありません。レコードでも大きな音で鳴らすのはダメでしたから、「父は私の下手なおさらいをうるさく感じるのではないか？」と思っていたのです。

さて、正式に「習った」楽器はピアノだけでしたが、小学四～六年生の頃、子ども用の小さなクラシックギターを買ってもらって独学で弾いていました。それにはきっかけがありました。ある日父と話していたときに、私は「五線紙の上に書けない音ってあるの？」と聞いたのです。そうしたら父は「あるよ」と。私が「それ、どんな音？」と聞くと父は「たとえばギターの弦がピーンと響いていく音だ」と教えてくれました。そのような会話があった後にさっそく父はギターを買ってくれて、私は独学であらゆるジャンルの曲を弾くようになりました。もちろん、父がいるときは小さな音でです（笑）。

（冬木・談：私は娘を音楽家にさせたいとかさせたくないとか、とくには考えていませんでした。ただ、私がいちおう音楽で飯を食っているところに、もう一人そんな家族がいたらどうなのだろうとは思いました。しかしそのこともそれほど深く考えたことはありませんでした。また音楽に限らず、こんな道に進んでくれたらいいなぁとか、そういう考えもとくにありませんでした）

好きだったカザルスとクライスラー

子どもの頃は、さまざまな音楽を聴いていました。なかでも私が今も印象に残っているのは、パブロ・カザルス（一八七六～一九七三年、チェロ）とフリッツ・クライスラー（一八七五～一九六二年、ヴァイオリン）です。

カザルスで一番印象に残っている演奏は、「鳥の歌」です。おそらく幼稚園の年長か小学一年生ぐらいの頃、「これはホワイトハウスでの演奏だ」「国連での演奏だ」などと、父の解説付きで聴いていました。

チェロは私が子どもの頃から好きな楽器で、今でも好きです。私が唯一自分からやりたいと言った楽器が、チェロでした。しかし小学二、三年生の頃、父から女性がチェロを習うのはダメだと言われました。また、そのときか後だったかは定かではないのですが、「そもそも音楽家になること自体が並大抵のことではないのに、そのなかでもチェロ奏者になるのはさらに大変だ」「女性だとなおさらだ」とも言われました。

当時、父も私も「たんなる趣味で楽器を演奏する」という考え方を知らなかったのだと思います。私もおそらくプロの音楽家しか見たことがなかったので、あの頃多くの子どもが習っていたピアノは例外として、楽器を演奏するということはイコール、プロになることだと思い込んでいたのでしょう。趣味や遊びでさまざまな楽器を演奏している人も大勢いる、ときちんと認識したのは、かなり大人になってからでした。

話を戻します。カザルスが演奏するチェロを、子どもの頃はただただ素直に好きと思っていました。どこに惹かれたのかを大人になって言葉にできるようになってから思ったことは、チェロの音、なかでもカザルスの音の魅力は人の声に近いということです。何年か前にチェリストの方と一緒に、チェロのソロと私の朗読によるボランティアをしていた時期がありました。そのときそのチェリストの方に、私の声がチェロと合うと言っていただきました。私もチェロの音とともに声を出すと、とても出しやすいのです。チェロの音を聴いていると呼吸が楽になって、ああ言おうこう言おうと一つ一つ考えずに素直にすっと声が出てきます。それは、私の体のメカニズムのようなものとチェロの波長が合うからではないかと思います。それで、私はチェロの音と一緒に声を出していると気持ちが良いのでしょう。

子どものときは、そのようなことを具体的な言葉にできなくても、素直に感じているものだと思います。もしかすると、カザルスのチェロの音に、自分の声を聴いていたのかもしれません。

クライスラーは、自作の小曲が多く入っているレコードを聴いていました。なぜ好きだったのかというと、感覚的な話で恐縮なのですが、クライスラーの演奏はたんにヴァイオリンという楽器の音を聴いている、という次元ではないようなものに聞こえたのです。当時ほかのヴァイオリニストの演奏も聴いていたのですが、クライスラーのヴァイオリンだけはなぜだかそのように感じていました。

なぜ音楽ではなく演劇の道を歩んだのか

このように、私は父の影響で幼い頃から音楽には馴染んでいました。そのなかで、のちに私が職業として選択することになる「演じる」ということをはっきり意識して興味を持ったのはかなりあとのことでしたが、私の育った環境においては「演劇や舞台」も「音楽」と同様に身近にあるものでした。

まず、私が通った桐朋学園には普通科、音楽科、演劇科がありました。また幼稚園の頃から舞台を観に連れて行ってもらっていましたし、オペラ、オペレッタ、バレエも同様です。もちろん、父が舞台の音楽を担当したら観に行きました。ですので、私のなかで音楽と演劇の境界線は、とても緩やかなものだったのです。

子どもの頃は、親がそれほど内容の込み入っていない作品を選んでくれました。ウィーン・フォルクスオーパーのオペレッタなど、音楽やストーリーが明るく楽しいものをよく覚えています。「メリー・ウィドウ」を初めて観たのは、おそらく小学校の低学年の頃です。もう少し大きくなってからは、ウィーン・フォルクスオーパーが一、二年に一回程度定期的に来日していた時期があって、その頃になると自分で演目を選んでいました。「メリー・ウィドウ」のほかにも「こうもり」などさまざまな作品を観ました。子どもですから、音楽だけのコンサートを聴いているよりも、オペラ、オペレッタ、バレエのほうがストーリーがあるので、はるかに楽しかったことを覚えています。

そんな環境のなかで、演劇の道を目指そうと思ったきっかけは、一つではありません。最初のきっかけは、わかりやすい話ですが『ベルサイユのばら』に魅了されたことです。私たちの世代は、「ベルばら」の第一世代なのです。まず連載マンガに感動し、その後、宝塚の舞台に心奪われました。私は初演を観て、それはそれは気持ちを摑《つか》まれました。そして当時の女の子の御多分に洩れず、「宝塚に入りたい」と言い出すわけです。父はそれを聞くと、「それだけはやめてくれ」と（笑）。おそらくそれは多くの女性がかかる「はしか」のようなものだったのだと思います。ですので、父からダメと言われたことにそれほどショックを受けた記憶もないのです。

（冬木・談：娘が演劇の道に進んだことについては、「ああ、そうなのか」というぐらいの感想でした。私は演劇の仕事も頻繁にやっていましたから、違和感はありませんでした。また私は、俳優座の養成所がそっくりそのまま引っ越してきたような流れでできた桐朋学園大学短期大学部の演劇科の授業で、学生に教えたりもしていました。その演劇科の公演に娘をしばしば連れて行っていましたから、将来の希望について聞いたときもすんなりと受けとめることができました）

「ベルばら」のあとにもきっかけがありました。私は下手でしたがバレエをやっていて、踊ることが大好きでした。中学生の頃には、街のバレエの先生になれたらいいなと思っていたところ、三年生のときに足を傷めてしまったのです。お医者様に、踊りのプロになるのはむずかしいかもしれないと言われて、あっさりとバレエをやめてしまいました。

それで、私は将来どうしたらいいかしらと思っていたときに、ある舞台を観たのです。日生劇場の「森は生きている」だったと記憶しています。それを観て、踊らなくても成立する「舞台」という選択肢があることを知りました。明確に演劇、舞台を目指し始めたのは、そのときからでした。

思い返してみると、私の育った環境にはいつもさまざまな「芸術」があったのだと思います。

姿勢を正して観た『ウルトラセブン』

『ウルトラセブン』の本放送時、私は四歳で、幼稚園に通っていました。その年齢では、さすがに番組の内容を正確に理解できません。また、「楽しいものを観る」という意識はありませんでした。その理由の一つは、私の家庭環境的に、『ウルトラセブン』はきちんと観なければならなかったからです。父が制作者の一人である作品ですから、「父の仕事を娘として観る」わけです。子どもが楽しくテレビを観る感覚からは程遠く、むしろ音楽会へ行くのに近かった。もちろん子どもの集中力には限度がありますが、だからと言っておしゃべりをしたり何か食べたりしながら番組を観るということはありえませんでした。自宅でレコードを聴くときもそのような感じでしたので、それと同様です。

当時私は、二本だけテレビ番組の視聴を許されていました。一つはもちろん『ウルトラセブン』をはじめ父が音楽を担当したウルトラシリーズ。これに加えて、私は『奥さまは魔女』をチョイスしていました。もちろん私には『ウルトラセブン』やウルトラシリーズを観ることの拒否権はありません（笑）。

『ウルトラQ』と『ウルトラマン』は観ていませんでした。両方ともかなり大きくなってから、再放送でしっかりと観ました。

最も印象的な作品は「悪魔の住む花」

四歳の当時、『ウルトラセブン』で最も印象が強かった作品は、第三一話「悪魔の住む花」です。あの作品を観て強烈だったのは、何かが自分の体の血管や細胞の中をずっと通っていくイメージでした。太い静脈や動脈から毛細血管に入っていき、血管のトンネルがどんどん細くなっていく。人間の未来はこのようなことが可能になるのか、と思いました。四歳では、『ウルトラセブン』の内容はすごくむずかしかった。しかも女の子にとってはなおさらだったと思います。そんななか、『ウルトラセブン』であの話だけ舞台が人体だったので、具体的で身近だったのでしょう。「宇宙」よりも「体内」のほうが、リアルに想像を巡らすことができたのだと思います。よく「人体は宇宙である」と言われますが、それを体現した作品でした。

大人になってからも、点滴を打って薬剤が血管の中を通りそこが熱くなると、必ずこの作品を思い出します。「あ、いまウルトラセブンが通っている」と(笑)。もちろん最終回もとても印象的ですけれど、「ウルトラセブンのなかで好きな作品を一つ選べ」と言われたら、私はこの作品を選びます。

『ウルトラセブン』の密度の濃い展開

『ウルトラセブン』はむずかしかったとはいえ、理解できないから「もう観なくていい」

とは思いませんでした。むしろどんどん引き込まれていきました。やはり絶妙なタイミングでダンが変身してウルトラセブンが登場するシーンなど、子ども心にも「わぁ！」と思える要素を取り入れていたからだと思います。

大人になってから観て思うのは、『ウルトラセブン』はほかの作品に比べて説明が少ない。たとえば、なぜ今この団地を映したのかというような説明がないままに、話が進むのです。また、「ウルトラセブンとこの宇宙人は、このようないきさつで遭遇することになったのである」などという説明がないままに、ポンと二人が対峙しているカットが入ったりする。説明してくれないから、真剣に観ていないとわからない。視線を外すと、もうどこか先へ行ってしまう。展開が凝縮されていて、どんどん先へ行く密度がすごいです。だから目が離せず、吸い込まれるようにずっと観てしまったのではないかと思います。このことが、『ウルトラセブン』は大人っぽいとか、大人が観てもおもしろいなどと言われる理由の一つではないでしょうか。

音楽についてですか？　それについては、何も言いません（笑）。

『ウルトラセブン』のテーマは普遍的

『ウルトラセブン』は、ストーリー、物語のテーマが白か黒かで割り切れるものではありません。内容も、日常、社会、自然界ほか多岐にわたっています。それらのテーマは、放送後五〇年以上経った現代においても、ぴたりとあてはまるものだと思います。各テーマは、何年周期なのかはわかりませんけれど、ずっと繰り返されて人間社会にあり続ける問題をピックアップしています。撮影や録音の技術などテクニカルなものは古いのかもしれませんが、扱っているテーマはさまざまなことが変わった新しい時代でも問題となる、普遍的で本質的なものなのだと思います。だからこれだけの年月を経ても、あらゆる世代の方から愛され続けているのでしょう。

あとがき　冬木透

令和二（二〇二〇）年の春、ちょうど新型コロナ感染症が東京を襲い始めた頃に、『ウルトラセブンが「音楽」を教えてくれた』の著者、青山通さんから「かねてよりご相談していました冬木先生の生涯と音楽の書籍出版企画ですが、とある出版社から打診があって、ぜひ実現に向けて動きたい」というご連絡をいただきました。

その後、青山さんと版元の薬師寺達郎さんのお二人が、拙宅に足を運んでくださいましたが、私は、

「私など本になるようなことは、何もしていませんよ。そんな企画の本を読みたい人が、はたしているのでしょうか」

と申しました。ですがお二人は、

「先生の演奏会は今でもたちまち満員になるではないですか。先生の本が世の中にないのはおかしいです。日本中のファンが読みたいと思っています」

と仰るのです。

私は平成九（一九九七）年に桐朋学園を退職してからも引き続きフリーランスとして活動を続けていましたが、最近ではほぼ作曲も執筆も行っておりませんし、何より昔のことを明確に覚えているわけではないので、一冊の本をまとめ上げる自信がありませんでした。

すると青山さんが、

「私がこれまでお伺いしてきたことや先生がお話しされてきたことをベースにし、さらに私がお聞きしたいことと先生がお伝えになりたいことを加え、それらを私が原稿にまとめるという方法はいかがでしょうか？」

とご提案くださいました。それならなんとかなるかと思い、お二人の熱意に押されて出版を了承したのです。

そうこうするうちに、新型コロナ感染症はあっというまに世界を覆いつくしました。その間、青山さんから預かった過去の資料に目を通していました。そしていったん収束したように見えた頃から、万全な対策を取って、青山さんのインタビューを受け始めました。

私の曲のＣＤをかけながら、作曲過程やエピソードについてお話ししたり、また、私が幼少時から親しんできたクラシック音楽も一緒に聴き、思うところをお話ししました。過去にお話ししたこともあらためて語りました。その作業がひととおり終わった後、今度は私の幼少期から社会人に至るまでを、おそらく初めて丹念に記憶を辿りお話ししました。

「なぜあの曲ができたのか？」

その質問に叶う限り誠実にお答えしようと思ったら、この子どもの頃からの思い出し作業になったのです。

お申し出に甘えて、私は思い出すことに専念し、筆は青山さんにお任せしました。そして、私のルーツには何があってそれが私の作る音楽にどう影響しているのか、どんな環境、想いで作曲・録音・選曲に取り組んだのか、監督さんたちとのやりとりはどうだったのか、各作品の音楽にどんな反響があったのか……「私と音楽と仕事」について、青山さんはみごとにまとめてくださいました。

一年半を過ぎ、今こうしてあとがきを書いていますが、記憶が間違っていたらどうしよ

青山通（左）の取材を受ける冬木透（右）。2012年

う不安になることしきりです。まだまだお話しし足りていないように思えたり、精一杯お話ししたようにも思えたり、迷いは尽きません。

　私は出会った人々、出来事に恵まれました。「ずっと音楽がそばにあったらいいな」と思ったあの幼い日から八〇年余りの歳月をかけて、その願いは、少しずつ導かれながら、多くの助けを得て叶ってゆきました。それを幸運と言わずになんと言いましょう。

　本文にお名前を挙げられませんでしたが、私の人生を支えてくださった方々に、直接お伝えできていない感謝をここに記します。

「ありがとうございました」

最後になりましたが、私の思い出しの旅を一緒に歩んでくださった青山通さんに、また遅々として進まぬその旅をじっと見守ってくださった編集の薬師寺達郎さんに、心からお礼を申し上げます。

あの日、ケンプは広島の世界平和記念聖堂でのスピーチで言いました。

「平和のために戦っている人たちの仲間入りをすることができて、幸せです」

令和四（二〇二二）年一月

あとがき　青山通

冬木先生に初めてお目にかかったのは、それほど昔のことではない。平成二四（二〇一二）年だから、ちょうど一〇年前である。既刊の拙著にも書いている話だが、当時まだ著書もないのに自著本の取材という無理な理由で、出版業界や音楽業界の知人のつてをたどりご自宅に押しかけたのだ。五月だというのに夏の始まりのような暑い日、一面識もない私を冬木先生は笑顔で歓迎してくださった。『ウルトラセブン』の最終回にシューマンのピアノ協奏曲を使った理由、数ある録音からカラヤン&リパッティ盤を選んだ理由。今までどこを探しても見つけることができなかったそのことを、冬木先生はていねいに教えてくださった。そして帰り際に私が「今まで誰かに同様の質問をされたことがありますか？」と尋ねると、冬木先生は「あなたが初めてです」と仰ったのだ。

これは意外なことだった。このときすでに『ウルトラセブン』の最終回から四四年が経っていたのに、なぜ今までこんな重要なことを質問した人がいなかったのだろう？　それで思い返してみると、このシューマンの件だけではなく、冬木先生自身の『ウルトラセブン』の音楽についても「特撮」「劇伴」の文脈で語られているものは多いが、「クラシック音楽」を背景にしたものをあまり見たことがない。冬木先生は二つの音楽大学で学んだだけではなくその後教鞭も執られており、その音楽のベース、ルーツは紛うことなくクラシック音楽にある。また『ウルトラセブン』の音楽を聴いても、それはクラシック音楽のオーケストラや室内楽などの語法が基本であるのに、これはもったいないことだと感じた。そこで私は僭越《せんえつ》とは思いつつ、自身が『ウルトラセブン』を偏愛していることはもとより、最終回のあのシューマン以来長年趣味と仕事でクラシック音楽と著述にかかわっていることから、それらは冬木先生の偉業を本質的に明らかにする一助になるのではないかと思ったのだ。

こうして完成した書籍『ウルトラセブンが「音楽」を教えてくれた』を皮切りに、私がクラシック音楽を基軸としてウルトラセブンと冬木先生の音楽を詳解していく活動がスタ

青山通（左）と冬木透（右）。2013年の『ウルトラセブンが「音楽」を教えてくれた』刊行記念トークショーより

ートした。冬木先生とは、その後トークイベント、対談、インタビュー、ラジオ番組などでご一緒させていただき、またウルトラセブン関連のCDを二点監修、そして文庫を含め書籍を三点刊行し、本書の執筆に至っている。本書が「クラシック音楽」からのアプローチもふんだんに採り入れているのにはそのような背景がある。

ところでこれまで冬木先生とお話をさせていただいてきて、印象に残っていることがある。冬木先生はいくつかのご自身の人生のターニングポイントについて、「私は運が良かった。幸運だった。ただ導かれただけだ」と仰る。これにわれわれは三つの教訓を得ることができる。

一つは、自分の実力で勝ち取ったことについても、けっして驕《おご》らず自分以外の何者かへの感謝を忘れずにいる謙虚さが重要であるということだ。二つめは、「自分は運が良い」というポジティブな思いを持つことで、さらに幸運を引き寄せることができる、ということである。そして三つめだが、それはそのような運がめぐってきたときにそのチャンスを活かせるだけの実力をしっかり培っておくことが必要である、ということにほかならない。つまり、「謙虚でポジティブで、常に力を蓄えておく」ことは、人生のさまざまなシーンでみずからを助けることになる基本なのだろう。

それから、冬木先生はひたすら「職人」であるということだ。「ビジネスパーソン」として成功するには、自社や自身のメリットを相手に効果的にプレゼンしていくことが必須である。いっぽう、「職人」は自分を語らずただひたすら自身の技を磨き上げ、相手のニーズに沿った品質で勝負し満足させる。私はいまだかつて、冬木先生がご自身の仕事について自画自賛されるのを聞いたことは一度もない。また、ご自身の音楽に感銘を受けて音楽の仕事に就いた人が大勢いることについても、「影響力が大き過ぎて恐ろしくなります。

まあ私は責任は取れませんけれど」などと仰って微笑まれるのである。

また今回印象的だったのは、われわれ定年世代に向けたアドバイスをお願いしたことに対するご返答だった。くわしくは第四章を参照していただければと思うが、冬木先生ほどの功績を残された方であれども「勉強し足りない」と後悔されているのである。それを知ることは、われわれ一人一人にとっての今後の大きな指針となる。

あるときそんな冬木先生に「青山さんは何年生まれですか」と聞かれたことがあった。昭和三五（一九六〇）年ですと答えると、先生は「……いいなあ。若いねぇ」と仰った。それ以来私は「歳だ歳だ」と言うのをやめ、冬木先生におそれ多くもうらやましく思っていただける歳の差二五年について「二五年分の新たな人生をいただいた」と思い、日々を堪能・満喫して生きて行こうと誓ったのだった。

ところで冬木先生は、お話を始めると大芸術家としての荘厳さを感じさせる佇まいでいらっしゃるのであるが、一方その琴線に触れることができたときには、突如いたずらな少年の好奇心に満ちたような笑顔になられる。この落差にはいつもギャップ萌えでハートを鷲掴《わしづか》みにされ、イギリスの詩人ウィリアム・ワーズワースの詩の一節、「My heart leaps up when I behold a rainbow in the sky.」を思い出す。私もわくわくすることを一生やめない、こんな笑顔の人でありたい。

さて本書の内容について一点補足すると、先生の手掛けられた各種テレビ番組の作品やさまざまなジャンルの楽曲については、もっともっと掲載したかったのではあるが、諸事情によりこの限りとさせていただいた。本書で取り上げられなかった作品については、また別の機会を作っていきたい。

執筆にあたっては、以下の皆様には大変お世話になった。資料をご提供くださった、早川優さん（ライター）、トヨタトモヒサさん（フリーライター）、高島幹雄さん（元バップ／『ウルトラセブン1999最終章』ほか音楽プロデューサー）、Alien Spell ウルトラセブングッズコレクターさん。また、青山通の活動を初期から見守ってくださっている吉田純子さん（朝日新聞編集委員）、片山杜秀さん（音楽評論家）、宮山幸久さん（キングインターナショナル）、木村元さん（アルテスパブリッシング代表）、桜井浩子さん、ひし美ゆり子さん、円谷プロダクションの皆様。Twitter を通してさまざまなことをご教示いただいただいた、私のフォロワーのコアなセブンファンの皆様。今回の企画を実現してくださった、集英社インターナショナル出版部の薬師寺達郎さん。どうもありがとうございました。

それから今回特別に取材を快諾いただき、さらに製作に全面的にご協力いただいた、岡本舞さんに感謝いたします。『ウルトラセブン』の作曲家冬木透先生のお嬢様がどのような環境で育ち、なぜ音楽家ではなく役者になったのか、という興味深いテーマを解き明かしてくださって大変嬉しく思います。

そして最後になりましたが、冬木先生、本書の企画をご相談するに際し「私は青山さんにさまざまなことを暴かれてきましたが、これで本当に丸裸にされてしまいます」と仰っていましたね。でもやはり先生の深淵に到達することは、とうていできませんでした。今後も根掘り葉掘りお伺いしますので、ずっとお元気でいてくださることを約束してくださいね。永遠の感謝を込めて、どうもありがとうございました。

令和四年（二〇二二）年一月

主要参考文献（発行年月順）

・テレビマガジン特別編集『空想特撮シリーズ ウルトラマン大全集』講談社、一九八七年
・実相寺昭雄『ウルトラマンに夢見た男たち』筑摩書房、一九九〇年（同文庫二〇〇六年）
・作曲家別名曲解説ライブラリー『ワーグナー』『R・シュトラウス』『北欧の巨匠』他、音楽之友社、一九九二年～
・ひし美ゆり子『セブン セブン セブン わたしの恋人ウルトラセブン』小学館、一九九七年（同文庫二〇〇一年）
・海老澤敏・上参郷祐康・西岡信雄・山口修監修『新編 音楽中辞典』音楽之友社、二〇〇二年
・金田益実編『ウルトラセブン１９６７』ジェネオン エンタテインメント、二〇〇五年
・ひし美ゆり子・樋口尚文『万華鏡の女 女優ひし美ゆり子』筑摩書房、二〇一一年（同文庫二〇二〇年）
・別冊映画秘宝『ウルトラセブン研究読本』洋泉社、二〇一二年
・青山通『ウルトラセブンが「音楽」を教えてくれた』アルテスパブリッシング、二〇一三年（新潮文庫二〇二〇年）
・冬木透監修・青山通著『ウルトラセブン・スコア・リーディング 冬木透の自筆楽譜で読み解くウルトラセブン最終回』アルテスパブリッシング、二〇一五年
・円谷プロダクション監修・金田益実編著『新資料解説 ウルトラセブン撮影日誌』復刊ドットコム、二〇一七年
・『ウルトラセブン Blu-ray BOX Standard Edition』円谷プロダクション・バンダイビジュアル、二〇一七年
・白石雅彦『「ウルトラセブン」の帰還』双葉社、二〇一七年
・早川優企画・構成・執筆『ULTRASEVEN SOUND LIBRARY』（ＣＤ）日本コロムビア、二〇一八年
・早川優構成・執筆『ウルトラマエストロ 冬木透 音楽選集』（ＣＤ）日本コロムビア、二〇一九年

画像提供　アフロ（五八ページ、一七九ページ）
エリザベト音楽大学（五〇ページ、五三ページ、五六ページ）
シネムーブ（一九五ページ）
円谷プロダクション（一五九ページ）

図版作成　タナカデザイン

冬木《ふゆき》 透《とおる》

本名、蒔田尚昊。作曲家。一九三五年、中国・長春生まれ。エリザベト音楽短期大学作曲科、宗教音楽専攻科修了。ラジオ東京（現・TBS）で効果、作曲を担当。桐朋学園大学音楽学部に奉職。『鞍馬天狗』、『ウルトラセブン』、NHK連続テレビ小説『鳩子の海』、蒔田尚昊名義では宗教曲も数多く作曲。

青山《あおやま》 通《とおる》

著述家、本名の青野泰史にて編集者。一九六〇年、東京生まれ。早稲田大学卒業。音楽之友社にて『週刊FM』、書籍等の編集、数社を経てフリーランス。クラシック音楽から欅坂46までの音楽領域に関心。著書に『ウルトラセブンが「音楽」を教えてくれた』（新潮社）他。

ウルトラ音楽術《おんがくじゅつ》

二〇二二年四月一二日　第一刷発行

インターナショナル新書〇九八

著　者　冬木《ふゆき》 透《とおる》／青山《あおやま》 通《とおる》

発行者　岩瀬　朗

発行所　株式会社 集英社インターナショナル
〒一〇一－〇〇六四 東京都千代田区神田猿楽町一－五－一八
電話 〇三－五二一一－二六三〇

発売所　株式会社 集英社
〒一〇一－八〇五〇 東京都千代田区一ツ橋二－五－一〇
電話 〇三－三二三〇－六〇八〇（読者係）
〇三－三二三〇－六三九三（販売部）書店専用

装　幀　アルビレオ

印刷所　大日本印刷株式会社

製本所　加藤製本株式会社

Printed in Japan　ISBN978-4-7976-8098-0　C0273

インターナショナル新書

043
怪獣生物学入門
倉谷 滋

ゴジラ、ガメラ、『寄生獣』のパラサイトなど……、SFの一ジャンルを築いた怪獣たちを徹底検証。形態進化生物学の第一人者が、怪獣ファンにとっての最大の未解決問題「怪獣とは何か?」に真正面から挑む。

096
江戸藩邸へようこそ 三河吉田藩「江戸日記」
久住祐一郎

三河吉田藩（現・愛知県豊橋市）で綴られた古文書類から、江戸藩邸の役割、脱藩・殺人・窃盗など藩邸内で起きた事件や面白いエピソード、女性たちが暮らす「奥向」など、知られざる藩邸の内側を紹介する。

097
失われたＴＯＫＩＯを求めて
高橋源一郎

渋谷、新宿、御茶ノ水。新トキワ荘にジブリ美術館。そして明治神宮、皇居の森へ……。コロナ禍の二年間、作家は歩きながら記憶をたどり、考え続けた。若き頃のほろ苦い思い出と共に綴る、「極私的」東京探訪記。

099
言葉の周圏分布考
松本 修

「アホ・バカ」「マン・チン」に続く第三弾！　五十数枚のカラー方言分布図で、懐かしい言葉に楽しく再会。また、『源氏物語』の「戻る」の謎を解く壮大な知の旅へ。日本語の「周圏分布」についても、深く論じます。